स्त्री को पुकारता है स्वप्न

स्त्री को पुकारता है स्वप्न

(इंडियन वुमेन प्रेस कोर-वाणी प्रकाशन संयुक्त
प्रथम कहानी प्रतियोगिता के तहत)

सम्पादक
गीताश्री
अरुणा सिंह

वाणी प्रकाशन

वाणी प्रकाशन
4695, 21-ए, दरियागंज, नयी दिल्ली 110 002
शाखा
अशोक राजपथ, पटना 800 004
फ़ोन: +91 11 23273167 फ़ैक्स: +91 11 23275710
www.vaniprakashan.in
vaniprakashan@gmail.com

STRI KO PUKARTA HAI SWAPN
Edited by Geetashri & Aruna Singh

ISBN : 978-93-5072-531-3
Collection of Stories

प्रथम संस्करण
मूल्य : ₹250

न्यू कृष्णा ऑफ़सेट, दिल्ली-110093 में मुद्रित

वाणी प्रकाशन का लोगो मक़बूल फ़िदा हुसेन की कूची से

उन महिलाओं के नाम

जो अपने होने को लेकर शर्मिन्दा नहीं हैं

और

जिनकी आँखों में सपना है—

सबसे ऊँचे गगन में उड़ने का...

स्त्री-अस्मिता के कई-कई रंग

कहानी अपने समय का सटीक बयान है। वह स्त्री के सपनों और आकांक्षाओं की उड़ान है। वह धरातल है जहाँ उसकी सारी संवेदनाएँ और सारी बेचैनी विश्राम पाती है। उसके भीतर होती है एक समानान्तर दुनिया जहाँ उसके पक्ष-विपक्ष में जिरह करने वाले कई किरदार साँसें लेते हैं, टहलते हैं और शब्दों में ढल जाने को बेचैन रहते हैं। स्त्री को जब-जब पुकारता है स्वप्न, एक कहानी पैदा होती है। स्वप्न और यथार्थ के टकराव से कहानी का जन्म एक अनोखी घटना है रचनात्मकता की। इसीलिए हमने आवाज लगाई थी कि स्त्री रचनाकार अपनी कहानी भेजें और हम उनके माध्यम से बदलते हुए समाज में बदलते समकालीन स्त्री-पुरुष सम्बन्धों को भाँप सकें, देख सकें, समझ सकें। इस संग्रह में अलग-अलग रंग, स्वाद और अलग-अलग धरातल की कहानियाँ हैं, अपने परिवेश में पूरी तरह गुँथी हुई। इन कहानियों में स्त्री-अस्मिता के रंग हैं तो नैतिकताओं को नये अर्थ देते किरदार, अपने वजूद के लिए संघर्ष करती स्त्रियाँ हैं तो छोटी-मोटी तकरारों के बीच से निकलती हुई आपसी समझ और सौहार्द का जीवन्त पक्ष भी है। कहीं संवेदहीन होते समाज की कलई खुलती है तो कहीं दाम्पत्य जीवन की जटिलताओं का मनोवैज्ञानिक पहलू भी। सम्बन्धों के मनोविज्ञान को समझती-समझाती कहानियाँ मन को छू जाती हैं। चन्द्रकान्ता जी की तर्ज पर कहें तो ये कहानियाँ पाठकों के मन में संवेदना का उत्खनन करती हैं बिना बड़बोलेपन के। स्त्री की रचनाशीलता को समझने में ये किताब भरपूर मदद करेगी।

हमने महिला रचनाकारों तक अपनी पहुँच विभिन्न माध्यमों से बनाई। पत्रों, मेल, फेसबुक और दोस्तों के माध्यम से हमने उन तक प्रतियोगिता के आयोजन की खबर भेजी और उन्होंने अपनी कहानियाँ भेजीं। उन्हीं चयनित कहानियों में से 21 कहानियों का हम एक संकलन लेकर आये हैं। इनमें से चार कहानियाँ पुरस्कृत हैं। विजेताओं के नाम हैं—विभा रानी (गंगा जी के निर्मल धार), अर्चना साहु (वेटिंग टिकट), अमृता ठाकुर (बरक्स) और प्रज्ञा तिवारी (रुखसाना)। ये कहानियाँ खुद बोलेंगी अपनी बात। संग्रह में शामिल अन्य कहानियाँ भी बेहद प्रभावी हैं।

हमारी पहली-पहली कोशिश, किसी टटके बिम्बों की तरह आपके हाथों में है, हलकी नरमाई देती हुई। लगभग कई समकालीन महिला रचनाकारों को एक साथ पढ़ना बड़ी उपलब्धि है। हो सकता है इनकी कहानियों में थोड़ा कच्चापन हो, अनगढ़ता हो, कहानी के शिल्प का पूरा निर्वाह न हो, भाषाई चमत्कार कम हो। लेकिन एक बात तो तय है कि एक स्त्री जब लिखती है तो दसों द्वार खुल जाते हैं। वहाँ से छनछन कर आती हैं कहानियाँ।

अपने जीवनानुभव से उपजी हुई कहानियाँ आपको चमत्कृत कर देती हैं। तब उसकी कमियाँ ध्यान में नहीं रहतीं, रह जाता है सिर्फ थरथराता सा अहसास जो नये संसार का खुलासा करता है। इस संसार के भीतर घूमते हुए सारी कमियाँ गौण हो जाएँगी, ऐसा हमारा विश्वास है।

इंडियन वुमेन प्रेस कोर और *वाणी प्रकाशन* की पहली संयुक्त कोशिश का रंग कितना गहरा है कि कहानी संग्रह ने मूर्त रूप ले लिया है। एक आयडिया ने ठोस शक्ल ले ली। हमने अपने सदस्यों के अलावा देशभर की महिला रचनाकारों से कहानी प्रतियोगिता में शामिल होने की अरज की और वे शामिल हुईं। उन्होंने कहानियाँ भेजीं। हालाँकि हम मानते हैं कि कोई भी रचना किसी भी प्रतियोगिता से बाहर की चीज होती है। आप उसका मूल्यांकन नहीं कर सकते। रचना अपने समय को रचती है, अपने हिसाब से। अपने समय का दस्तावेज होती है। फिर भी हमने एक शुरुआत की ताकि देशभर और हमारे सदस्यों की छुपी हुई लेखन प्रतिभा सामने आये। ऐसा हुआ भी। हमारे सदस्यों ने भी बढ़-चढ़ कर हिस्सा लिया। दूर-दराज से भी कहानियाँ आयीं। कुछ नामचीन कहानीकारों ने भी अपनी कहानियाँ भेजीं। कहानी प्रतियोगिता में विजेताओं के चयन के लिए हिन्दी की दो चुनिंदा कहानीकारों ने ज्यूरी सदस्य बनना स्वीकार किया। मृदुला गर्ग और चन्द्रकान्ता जी जैसी मशहूर साहित्यकारों ने इस महती जिम्मेदारी को सँभाला और सर्वसम्मति से निर्णय तक पहुँचीं। यहाँ हम उनके निर्णय और उनकी टिप्पणी को ज्यों का त्यों रख रहे हैं ताकि पुरस्कृत कहानियों के धरातल को समझने में आसानी हो। उन्होंने हरेक कहानी को पढ़ा और अपने निर्णय पर पहुँचीं।

हम अपने ज्यूरी सदस्यों मृदुला गर्ग और चन्द्रकान्ता जी के बहुत आभारी हैं। इस योजना के बनने से लेकर अंजाम तक पहुँचाने में कोर की तत्कालीन अध्यक्ष टीके राजलक्ष्मी और तत्कालीन जनरल सेक्रेटरी मनिका चोपड़ा का बहुत सहयोग रहा है। अहिन्दीभाषी होते हुए भी इन दोनों ने हमारा बहुत हौसला बढ़ाया तभी यह प्रतियोगिता रूप-आकार ले पायी।

हम धन्यवाद करना चाहते हैं हिन्दी कमेटी के कुछ सदस्यों का जिन्होंने वक्त निकाल कर कहानियाँ पढ़ीं, छाँटीं और उन्हें ज्यूरी के पास भेजने तक साथ दिया। शोभना जैन, इरा झा, सुषमा वर्मा, मंजरी चतुर्वेदी ने वक्त निकाला और कहानियाँ पढ़ीं। इन सबको बहुत-बहुत धन्यवाद। उन सभी कहानीकारों को भी धन्यवाद जिनके शामिल होने से हमारा ये यज्ञ पूरा हुआ।

और *वाणी प्रकाशन* के अरुण माहेश्वरी और उनकी उत्साही बिटिया अदिति माहेश्वरी के सहयोग के बिना तो यह सपना कभी सम्भव नहीं हो पाता। जिस उत्साह से आगे बढ़-बढ़कर अदिति ने साथ दिया, वह बेहद आश्वस्तिदायक है।

उन सबको धन्यवाद जिन्होंने परोक्ष-अपरोक्ष हमें सहयोग दिया। सबका साथ रहा तो हम आगे भी इस रचनात्मक यात्रा को जारी रखेंगे, इसी शुभेच्छा के साथ....

आपकी

गीताश्री, अरुणा सिंह

अनुक्रम

गंगा जी के निर्मल धार *(प्रथम पुरस्कार)* 11

विभा रानी

वेटिंग टिकट *(द्वितीय पुरस्कार)* 19

अर्चना साहु

बरक्स *(तृतीय पुरस्कार)* 26

अमृता ठाकुर

रुख़साना *(प्रोत्साहन पुरस्कार)* 33

प्रज्ञा तिवारी

जर्द फूलों का काफिला 40

सोनाली सिंह

टॉपर 46

सुजाता

धुन्ध 51

ममता सिंह

भैंगापन 59

अपर्णा मनोज

यादों से भरा खाली मन 67

आकांक्षा पारे काशिव

किस्सा प्रेम का 72

शोभा नारायण

कहानियाँ लेकिन कहानियाँ नहीं 78

आर. अनुराधा

टूटना और टूटना 82

सौ. उमा घाणेकर

नया जीवन...नया साथी! 89

डॉ. अरुणा कपूर

अनजाने रिश्ते 98

संगीता बाजपेयी

परिवर्तन 105

शारदा बालसुब्रह्मण्यम

राख अब भी गर्म है 111

सोनाली

मुक्तिबोध...और एक साथ! 115

आद्या त्रिवेदी

सच तो यह है कि... 123

कमल कपूर

उत्कण्ठा 131

श्रीलक्ष्मी बट्टा

जेब्रा क्रॉसिंग 137

विपिन चौधरी

संवेदना 145

अरुणा घवाना

गंगा जी के निर्मल धार

•

विभा रानी

'बहती गंगा की धार के नाविक
डूब न जाना पार!
ताल-ताल पर धर लो बैयां
लहर-लहर मँझधार!'

पढ़ी होगी कभी यह कविता सुगनी ने। कोर्स की किसी किताब में या यूँ ही किसी साहित्यिक पत्रिका में। वह सब याद करने का अब न तो उसका मन है, न बखत है और ना ही कोई ठौर!

ठौर औरत का अपना होता है क्या?–सुगनी हँसती है–बाप, भाई, पति, बेटा–जैसे अर्थी के चार कन्धे–

'राम नाम सत्त है, मुएले में गत्त है।'

मौत की धार निर्मल नहीं होती, जब तक देह की बची हड्डी गंगा में डूब ना मारे।

'गंगा बहे ले बड़ी दूर गे केवटनी,
कुइयां खना दे।'

'ना' सुगनी नहीं करती। धरे हुए है संकल्प–नहीं मरेगी। क्यों मरे आखिर? मानुस जनम बार-बार थोड़े ना मिलता है। और मरने से फायदा? गुंजन हो कि गंजन–जिन्दगी है, तभिए तक न ई सब।

माँ ने एकाध बार टोका–"सुगनी! शरम कर! ससुर के साथ! राम-राम!"

सुगनी ने माई को ही बरज दिया–"जब बुढ़बे को कोनो लाज-शरम नहीं है त' लाज-शरम का ठीकेदारी क्या हमी सम्हाले हुए हैं?"

सुगनी सुग्गा की तरह हरियर होती चली गयी–

'सुगनी चिरैया सगुन लिए जाए रे,
केला के पत्ता हवा में उड़ा जाए रे।'

कण्ठ में सुगनी की आसमानी ऊँचाई भेदती तान है और गले में सुग्गा जैसी ही लाल धारी-पोत मोती की लाल माला! गले में सूखे पात की झाँझर आवाज! झमटगर आवाज में सुगनी झूमर उठाती–

'रात सैंया मोती की लड़ तोर दियो रे!'

गीत के टंकार के संग-संग उठती आस-पास की भौजाइयों की टिहकारी और लौंडों-लपाड़ों की पिहकारी। सुगनी भौजाइयों की टिहकारी का जवाब मन की हरियरी से देती और लौंडों-लपाड़ों को वो खींच मारती कि वे सब मजबूरन उसे दीदी और बहन की चद्दर ओढ़ाने में ही अपनी इज्जत की खैर मनाते!

वही सुगनी! हरी-हरी दूब पर ओस की पनियाली बुन्न जैसा ही सुगनी का करतब फैल गया–टोला मोहल्ला, जबार, गाँव–कोई ठिठियाया, अधिकतर छीछीयाए। छीः छीः!

"ना! सैंया नहीं, सैंया का बाप!" सुगनी ठठाती है। उसके ठठाने से सूरज बादल में छुप जाता है और चाँद अमावस बन जाता है। सुगनी जीभ फैलाती है–लप-लप-लप–एकदम नागिन जैसी! नागिन जैसी ही फुँफकारती भी है! उसके हिरदे में आग जल रही है–दावानल, जठरानल...!

दावानल–जंगल की आग। दीखती है–लाल-लाल! ऊपर और ऊपर उठती ज्वाला। जठरानल–माने, जठर यानी पेट की आग! जीवन की यह सबसे बड़ी आग है। इस आग के बुझाने के बाद ही और कोई आग सुहाती है। सुगनी की जिनगी की भी यही सबसे बड़ी आग है। यह आग सुगनी की देह के दावानल में घुसकर राड़ मचाती रहती है। सुगनी की देह में राड़ मचने से पहले उसकी माँग में राड़ मच गया और वह राड़ से रांड बन गयी और अब रांड से रंडी...!

पागल हैं वे जो सोचते हैं कि मौत का कोई न कोई बहाना होता है। हह! सुगनी कनछती है–"मौत का कोई बहाना नहीं होता। मौत, बस मौत है–जिनगी से सच, जिनगी से ऊपर, जिनगी पर भारी। जिनगी–तेल के नीचे दबे पानी जैसी भारी और मौत–पानी से ऊपर छल-छल छलछलाती, पसरती-तेल सी हलकी"–इतने ही हलके से मौत उसकी माँग को पोंछ कर उसे लाल से उजला बना गयी।

सुगनी मन को समझाती है–"चलो, बढ़िया ही हुआ! सिन्दूर-चूड़ी, टिकुली-आलता का खर्चा बच गया और रोज-रोज नयी साड़ी-गहने की फर्माइश के नखरे भरे तारे भी टूट-छूटकर बिखर-भखर गये। अब तो बिना रंग-कलफ और सलमे-सितारे की पुरानी-धुरानी चार साड़ी में भी जिनगानी चल जाएगी, जैसे ब्याह से पहले गरीब बाप के घर चलती थी। कमीज, शलवार, दुपट्टे का कोई मैच नहीं–न चप्पल, बिन्दी का।

पेट के दाल-भात-तरकारी का मैचिंग हो तब तो बाकी मैचिंग!

नाम देहाती होने से सुगनी देहाती भुच्च नहीं हो जाती है। वह बीए पास है। वह सुन्दर है। लम्बी, छरहरी। तराशी हुई देह! अंग-अंग से मादकता टपकती हुई! दिन में वह नदी पर पड़ रही सूरज की किरण जैसी झिलमिलाती है और रात में भगजोगनी जैसी भकभकाती है।

सुगनी के पास उसकी अपनी देह भी है, देह को सजाने के लिए उसके पास भाषा भी है और लोगों के जीवन का कलफ उतारने के लिए व्यंग्य भी। इसलिए मैचिंग यानी मेल के मैच को खेल के मैच से जोड़ दिया–'हा, हा, हा, हा! परसाई जी को पढ़े हैं भाई! उनका पसंगो नहीं है, फिर भी...' सुगनी हँसती है, फूल झड़ते हैं। काश जो हाथ और माँग की तरह देह और पेट के भी सूने, सूखे रहने की व्यवस्था होती–देह की व्यवस्था, समाज की व्यवस्था! पेट की व्यवस्था, प्रकृति की व्यवस्था।"

'सुगनी बेकल भेल पीटे करेजबा से
जुनि छोड़ जाव' हमरा बिदेसिया!'

सुगनी का मरद कोई ऐसे-वैसे परदेस जाकर नहीं बसा। ऐसे परदेस चला गया, जहाँ से कोई लौटता नहीं। सुगनी नसीबवाली रही कि इसके लिए उसे किसी ने कोई उपराग नहीं दिया, खटवांग नहीं सुनाया। लेकिन सुगनी औरत है। इसलिए औरत का रखवार कोई ना कोई तो होना ही चाहिए। सुगनी को भी रखवार मिला। मरद से ऊपर ससुर! सो बन गये वे–रक्षक, संरक्षक। बोले उसके बाउजी से–"क्यों जाएगी अपने नइहर? ई घर उसका है, यहाँ की जमीन-जैदाद उसकी है!"

बाउजी धन्य-धन्य हो उठे। गाँव-जबार वाह-वाह कर उठा। डूब गयी उस वाह-वाही में सुगनी की आह–मसोमात होने की आह–रक्षक ससुर के तक्षक होने की आह... तक्षक के भक्षक होने की आह! तक्षक की लप-लप जीभ सुगनी की देह को चाटती है–ऊपर से नीचे, नीचे से ऊपर–सारे खोह, दराड़ में खोज आती है, कुलबुलाती जीभ! सुगनी की देह में तक्षक दाँत गड़ाकर उलटता है और अपनी देह का सारा विष सुगनी पर उँड़ेल कर ससर जाता है।

सुगनी फूट पड़ती है बाउजी के सामने–"बाउजी! हमको यहाँ से ले चलिए। हम कुटिया-पिसिया करके गुजारा कर लेंगे।" बस इतना ही वह कह पाती बाउजी से। "ई विषधर नहीं सहा जाता हमसे।" यह अन्तिम वाक्य सुगनी के कण्ठ में ही दम तोड़ देता है। कैसे बोले, एक बाप से दूसरे बाप की बात!

"कवन दुखे बेटी! एतना भरगर ससुर जी हैं। एतना ऊँच कुल-खानदान है। तुमको एतना मान-सम्मान से रखे हुए हैं। जवान-मसोमात पुतोह को तो लोग एक

कपड़ा में भगा देते हैं।"

"माई को ले आइये बाउजी। हम उनसे बतियाएँगे।"

"अइसन कौन बात है जो तुम हमसे नहीं कह सकती?"

"हमसे अब यहाँ नहीं रहा जाता बाउजी, बस। काहे नहीं समझते हैं आप?"

नासमझ बन गये बाउजी—"तो मसोमात बेटी को छाती पर बैठा लें? जन-मजूरिन घर की रहती तो कर लेती कुटिया-पिसिया।"

"तो साड़ी में फॉल लगाएँगे, मोहल्ला के बेटी-पुतोह का फ्रॉक-बेलाउज सीकर, स्वेटर-शाल बुनकर गुजारा करेंगे। बीए पास हैं। कहीं कोनो काम कर लेंगे। ट्यूशन पढ़ा लेंगे।"

"मातबर लोग हैं रे तुम्हारे ससुर! हम न ठठ पाएँगे उनसे रार ठानकर।"

बेटी कुमारी हो कि बियाही, सधवा कि विधवा—बेटी का रखवइया, उसका खिवइया कोई नहीं, खाली कहने भर को गीत गाती रहती हैं सभी बेटियाँ—

'अम्मा कहे बेटी निति उठि अइहे,
बाबा कहे छओ मास रे!

हर माई की कामना की बेल और बेटी के मन की नकेल बाप के बोल के नीचे हमेशा दबती आयी है। ई कोनो आज का अजगुत तो है नहीं। सुगनी और उसकी माई के बोल भी बाप के बोल के नीचे दब गये। उफ्फ! ई मन भी ना! बड़ा विचित्र होता है ओ राम जी! और जिनगी का मोह तो उससे भी बड़ा थेथर है! हरामजादा न नदी में डूबने देता है, न गरदन में फंदा लगाने...।

सुगनी मन को समझा लेती है। सुगनी तिरिया बन जाती है—'देवो न जानाति, कुतो मनुष्यः?' न समझने में ही भलाई है मनुष्य जाति की। समझ गये तो परलय आ जाएगी। दुनिया धँस-डूब जाएगी। सुगनी विषधर का विष पीने लगती है—एक कली चम्पा, एक फूल विषधर! ससुर की देह का जहर—अपनी देह के सभी खोह से। सभी दराड़ों से... अब तो और दूने-चौगुने वेग से। कारण? नारी न मोहे नारी के रूपा! औरत सब सह सकती है, सौत नहीं। सौत बनाने के लिए सात फेरे की जरूरत नहीं पड़ती। सात फेरेवाली सास तो बेटे के पहले ही सुरग पहुँच गयी थी—शायद बेटे का ख़याल रखने के लिए। लोग-बाग पूछते। सभी बरज देते—"ना, ना! दुलहीन तो अभी तक ओ सुरगवासी रमेन्दर जी की ही है! ... बाकी..." बाबू सतेन्दर जी बेटे रमेन्दर जी की बहू का पोर-पोर तन सोखते रहे। बाकिर नाम? हेह! ऊ कैसे देते? समाज क्या कहेगा?

सुगनी हँसती है—मातबर लोगों को समाज कुछ नहीं कहता। तब तक तो और

भी नहीं, जब तक चिंगारी पर राख पड़ी है। सतेन्दर जी रात में चिंगारी कुरेदते, उसकी ताप में देह सेंकते, भकभका कर गर्मी का लावा फेंकते और फिर उस चिनगी को दिन की राख से तोप देते। सुगनी के दोनों छोटका देवर भी जवानी पाकर बियाह दिए गये। दोनों कनियाइन घर का रंग-ढंग देखकर हकबकाती रही। सुगनी तोते जैसा मिठ-मिठू बोलती रही, मैना जैसा घर भर घूमती रही। नयी कनियाइनें अपने घरवालों से खूब-खूब लड़ी—"अरे, कैसे निर्लज्ज हो तुम लोग? उसको बुलाते क्या हो? भौजी? कि माई?"

इन सवालों से परे सुगनी की देह और मन गदराते जा रहे थे। सतेन्दर बाबू उसे हर महीने एक गहना गढ़ा देते... तब! जब रमेन्दर जी की घरवाली थी और सोना छह हजार भरी था, तब नाक का एगो कीलो रमेन्दर जी नहीं गढ़वा दिये। ... अभी एकतीस हजार का रेट है, तइयो हर महीना...एगो गहना! सुगनी ठठाती है—

'बैगनबाड़ी में बुढबा डोलाबे बैगना,
बैगनबाड़ी में।'

सुगनी उफनती है समन्दर के ज्वार जैसी—"ये लो..... मैं आ गयी...." दोनों देवरानी कबकबाती है—लाल ओल जैसी—"बुढ़वा तो सारा पायी लुटा देगा ई रंडी के ऊपर!... सुने हैं कि खेत-पथार भी इसके नाम लिखने जा रहा है..."

"तो? उपाय क्या है?"

"सुता दो उसको—परमानिन्टी।"

"जिससे कि हमलोग भी हवालात का जांता पीसें—परमानिन्टी।"

"त सोच गे बहिना!"

"सोचने दे गे बहिना।"

दोनों कनियाइनें सोचती रहीं। सुगनी हरियर से लाल, पियर, चम्पई और तोतापंखी होती रही। सतेन्दर बाबू का दबदबा! किसकी मौत से आसनाई हो गयी है कि एको आखर बोले?

शहर का रुख करते अपने मरद से कनियाइनें बोलीं—"हमलोग तुम्हारे पास कब जाएँगे?"

"जहिया औकात हो जाएगा, तहिया।"

"अपने बाउजी से काहे न पइसा लेते हो?"

"देह में घुन नहीं लगा है। अपने कमाई से ही तुमको रखेंगे।"

"तो हमको हमरे बाउजी के घर पहुँचा दो। ई रंडीबाजी आ भंडुआपनी हमसे न देखा जाएगा।"

लेकिन खुदगर्ज दोनों बेटों की खुदगर्ज दोनों ही बीवियों ने खुद से ही अपना इरादा बदल दिया—"ई रांड को सारा अमरूद, सारा चना न खाने-चबाने देंगे! दोनों ने रीत-शरम को छोड़ कर अपने-अपने मरद की आरती उतारी— 'जाओ हे हमर मांगिया के सूरूज, हमारे जिनगी के चन्दा! हम तुम्हरी बाट निहारेंगे। अरे, जिस दिन हियरा की तान छेड़ोगे और कहोगे—आओ री...' उसी तान की डोरी पर चढ़े पलखत में पहुँच जाएँगे... तुम्हारे पास, तुम्हारे शहर की तखत तक।"

"तबतक?"

"तबतक गे बहिना, सेंध काटेंगे।"

एक ने काटा गोल सेंध, एक ने काटा चौखुट (चौकोर)। दोनों हँसतीं—किसी सेंधमार से पूछिए गोल आ चौखुट सेंध की बारीकी। सुगनी अवाक्! अरे, उसका तो मरद बिन अता-पतावाले देस चला गया। पतावाले देस के माय-बाउजी ने अपने साथ ले जाने से मना कर दिया। और, भाई-भौजाई कब किसके हुए हैं? गीत है ना—

'भैया कहे बहिनी काज-परोजन,
भौजी कहे मत आओ रे!'

भाई-भौजाई तक तो मामिला पहुँचबे नहीं किया। इहां तो बाबुए जी मना कर दिये—"पार न पाएँगे रे तुम्हारे ससुर से... अब जैसा भी है, देखो। जो उचित लगे, करो।"

सुगनी सोचना छोड़ चुकी थी कि ऊ मसोमात है कि सोहागिन! बाकीर ई दुनू? इन दोनों का छहफुटा जीवित मरद है, नइहर से माय-बाप, भाई-भौजाई सब पुछवइया हैं। फिर भी ये सब?....

'एगारह चूड़ी काँच के बारह बेटी बाप के तेलिया तेलाई के चौदह मूड़ी भाई के नाच करे भौजाई के!'

सुगनी तो नाच ही रही थी। बचपन में ई फकरा पढ़ती थी खेलते समय। अभी सतेन्दर बाबू गाते हैं, उसकी देह को नचाते हुए—

'नाच मेरी बुलबुल कि पइसा मिलेगा।'

लेकिन, ये दोनों? ये दोनों कनियाइनें समझ बैठी थीं कि जीवन में होता है—भैया! सबसे बड़ा रुपय्या! दोनों कनियाइनें निश्चिन्त थीं कि वे अपने-अपने मरद को समझा भी लेंगी। अपनी कमाई के बल पर ही शहर ले जाने की कसम खाए उनके मरद भी पैसे के आगे डोल जाएँगे। बुझा लेगी उनको कि आखिर कोई साझा सम्पत्ति है। सबका साझा हक है इसपर। सतेन्दर बाबू और उनकी इस अथाह सम्पत्ति पर खाली ई रांड ही अपना हक कैसे जमाए रहेगी?

सुगनी हकबकाती सब देखती रहती। माना कि सुगनी के समय सतेन्दर बाबू धरम-अधरम सब भूल गये। तो इसका मतलब ई तो नहीं कि हर समय मरदे-मानुस दोषी कहाएँ? ई दुनू राधा आ सिया रानी! रमेन्दर बाबू के जाने के बाद सुगनी तो अपनी देह को गंगा जी की निर्मल धार की तरह पवित्र रखना चाह रही थी। लेकिन धार की पवित्रता पर अपने विष की धार बहाकर सतेन्दर बाबू ने उसे मटमैला नहीं, भयानक विषैला बना दिया—मगध की विषकन्या! मगर, ई दुनू राधा आ सिया! सतेन्दर बाबू की बरसती विष की धार को ई दुनू अपनी खुशी से, अपनी मरजी से अपने भीतर समा लेने को ओताहुल हो गयी—

'लिखते हैं खत में कि जी हैं कुशल से हम भी टिके हैं यहाँ, अपने ही बल से।'

ओ मेरे बलम देवता! तुम धरे रहो शहर की चादर। हम इहाँ इस गाँव की रजाई में भूर (छेद) कर रहे हैं... हे लक्ष्मी माई! बड़ी हो तुम मायाविनी! इस राड़-मसोमात, बाँझिन के पास घुसी चली जाती हो। हमरे पास आओ! हमको रति बनाओ-कामदेव बुलाओ-वसंत मदमाओ... जोड़ा छागर चढ़ाएँगे ओ माई!

'रुनकी-झुनुकी मैया खेलेले अँगनवा भगत करे ले चीत्कार, गे माई!'

दोमुँहा तो तेलिया साँप होता है—सतेन्दर बाबू तिमुँहा बन गये—चौमुँहा बनते तो ब्रह्मा की तरह सिरजने लगते। अपने सिरजन की ताकत पर रोक लगाने के लिए हरदम उनका पॉकेट तरह-तरह के पैकेट से फूला रहता—सुगनी, राधा, सिया—तीनों के लिए तीन अलग-अलग पैकेट... अलग बेबस्था, अलग इन्तजाम, अलग सुगन्ध, अलग रंग—केसर, गुलाब, बेला! अब सुगनी का चार दिनवाला झंझट भी न रहा, जिसके कारण सतेन्दर बाबू को चार-पाँच दिन तक सुगनी से अलग रहना पड़ता था। अब तो राधा और सिया दोनों ही हैं—हरदम तैयार—बड़ी देर तक भाँजनेवाली दुधारी तलवार।

लोग-बाग के मुँह में तो ऐसे ही जाभी लग गयी, जब दोनों खुले आम कहने लगीं—"अरे, सोचिए, कितना भला हो रहा है! इधर-उधर जाने से तो बच गये हैं न! किसी से कोनो बीमारी उठा लाते तो? टीवी में देख-देख के जानकारी तो होइए गया है ना! कथी तो कहते हैं—एचआईभी! अम्मा तो है नहीं कि कोढ़ी-कुष्ठवाले मरद को भी तार देती... हे हे हे! आ देखिए, केतना बढ़िया इंतिजाम है! ...शुकर मनाइए कि आपके गाँव-घर की बहू-बेटी बच गयी! और सबसे बड़ी बात—घर का धन घरे में, घर का जन घरे में, घर की माँग घरे में, घर की धार घरे में?"

'हर-हर गंगे, पाप तरंगे
पुण्य हमारे घर, पाप तुम्हारे दर!'

सुगनी मुस्काती है—"खाओ गे नटतीं सब—खाओ—खखोरी (दूध के पतीले की तलछट)!" वो जानती है—सोना, जमीन और सबसे ऊपर सतेन्दर बाबू का दिल-दिमाग और उससे भी बढ़कर उनकी देह! देह पर चींटी जैसा कोई ससर जाए तो देह क्या चींटी की गुलाम हो जाएगी? देह को सूंतना पड़ता है—तेल पिला-पिलाकर। मन को मथना पड़ता है—देह की मथानी में। तभी तो निकलती है सुगनी जैसी चिकनाई—सुगनी जैसी मलाई!

समय बदलता है। सतेन्दर बाबू की देह ढीली हो गयी है। सुगनी की देह तनी हुई है—देह के उठान से, मनवां की तान से, गाँठ के मचान से। दोनों कनियाइनें कचकचाती हैं—"जाने कौन बरहम बाबा से आसीरबाद लेकर आयी है। मारती भी नहीं है कि पाप छूटे।" सुगनी मुसकाती है। सच ही तो कहते हैं—'नारी न मोहे नारी के रूपा... '

सुगनी राधा और सिया को डराती भी है, मोहती भी है। भीतर से गारी, ऊपर से नचारी...!

'हमु नहि आज रहब एहि आँगन जौ बुढ़ होयत जमाय, गे माई!'

पार्वती नहीं है राधा और सिया! मगर सतेन्दर बाबू महादेव हैं—औघड़दानी! बस, उनकी देह के साँप के बिसबिसाते दाँत को अपनी फेन बाहर निकालने के मौके मिलते रहें, बस!

सुगनी चमक उठी, राधा-सिया झमग उठी—सुगनी की कसी-गठी देह पर छूटती है सतेन्दर बाबू की विषधार और बन उठती है सुगनी की देह—सोने का झिलमिल हार! राधा-सिया मोबाइल और आई पॉड के की-पैड जैसी चमकती हैं, झलकती हैं ... उस झलक में एकाध चेन, एकाध अँगूठी चमकती है... बाकी धार तो धार है—पैसे की हो, विष की हो, दूध की हो, लार की हो—सब निर्मल है—सब धार है—गंगा जी के निर्मल धार की तरह! भूपेन हजारिका के गान की तरह नहीं—'निर्लज्जो तुमि ... ओ गोंगा बोहेछो कैनो?' गंगा कल भी बहती थी, गंगा आज भी बहती है, गंगा कल भी बहेगी—लहर दर लहर, बहर दर बहर! बहो हे गंगा! कोई भी पूछे कि 'बोहेछो कैनो' तो कोई भी जवाब मत दो। बस बहती रहो, बहती रहो—अविकल, निर्मल, निश्छल!

वेटिंग टिकट

•

अर्चना साहु

लोगों से खचाखच भरी रेलगाड़ी न जाने रेल कम और कुम्भ का मेला ज्यादा लग रही थी। हर कोई यही चाह रहा था कि किसी तरह गाड़ी का कम से कम एक कोना तो मिल जाए जहाँ खड़े होकर साँस तो ली जा सके; बैठने की बात तो छोड़ ही दीजिए। अगर बैठना ही है तो उसका भी प्रबन्ध है—गाड़ी की छत। अनेक लोग जिन्दादिली का ऐसा सफर तय करते हैं मगर शौक से नहीं मज़बूरी से। छोटे-बड़े बैग लिये बच्चे इन्हीं खचाखच भरी ट्रेनों से छुट्टियों में घर जाना चाहते हैं; इन सभी को कोचिंग सेंटरों की मशरूमी खेती शहरों तक खींच लाती है।

मौली के पापा को भी यही बताया गया था कि इन सेंटरों में पढ़ाई के साथ-साथ व्यक्तित्व निखार भी किया जाता है इसलिए अपने इकलौते सुपुत्र को यहाँ भेजने में उन्होंने अपनी सारी जमा-पूँजी लगा दी। जहाँ मौली की तीनों बहनों का ब्याह करने में अठारह से तनिक भी देर नहीं की गयी वहीं मौली के लिए बड़े से बड़े शिक्षण संस्थानों से परहेज नहीं किया गया। मौली है भी पढ़ने में तेज; इसीलिए तो दोस्तों की बड़ी तादाद है उसके पास। दोस्त जो उसके रसायन, भौतिक शास्त्र के मुरीद हैं उसके कमरे के पास रहने के लिए राजनीति और गणित तो सीख ही लेते हैं और यदा-कदा मार्शल आर्ट का भी प्रदर्शन कर देते हैं।

आज भी एक बड़ा सा दल मौली की अगुवाई में घर का सफर तय कर रहा है और मौली को लेने आयी है खुद बड़ी दीदी। उसकी काबिलियत पर उसके दोस्तों के माता-पिता को भी पूरा भरोसा है, उसे देख ऐसा लगता है कि वह किसी नइया का खेवइया है जो हर तूफान का सामना कर नाव सही सलामत पार ले जाएगा।

ठीक समय पर गाड़ी स्टेशन पर आ चुकी है। कुम्भ के मेले में भगदड़ एक परम सत्य है उसी सत्य के दर्शन गाड़ी के प्लेटफार्म में लगते ही होने लगते हैं। बच्चे-बुजुर्ग गिरें; औरतें दबें; अपाहिज कुचले जाएँ पर अभी भावुक होने का वक्त

नहीं—वैसे भी कुम्भ की मौत मोक्ष ही दिलाती है। जीवन की इस यात्रा में मौली और उसकी टीम को स्टेशन का गेट स्वर्ग का प्रवेश-द्वार लग रहा था। तन-बल, मन-बल के सहारे उन दस-बारह लोगों की टीम डिब्बे में प्रवेश करने में सफल हुई। पर अन्दर बेज़ा कब्जाधारियों का एक मजबूत गुट पहले से ही मौजूद था। मौली और टीम के सुनहरे पंख तो तभी काफूर हो गये जब अपनी ही जगह पर बैठे वेटिंग के महानुभावों से वेट करने की नसीहत मिली। मौली के अन्दर का प्रतिस्पर्धी छात्र फिजिक्स, केमिस्ट्री के सिलेबस से बाहर निकल कर ट्रेन की बोगी से अवतरित हुआ, उसके अन्दर का आंग्ल-भाषी टापर गरज उठता है। लोगों की ढीठ क्रिया की प्रतिक्रिया में टीम—मौली अब मौली—ब्रिगेड में तब्दील हो गयी। टीम पहले सामान फिर सामानधारियों पर अपनी भड़ास निकालती है। पूरी बोगी में अब वेटिंग को वेट कराने का अभियान छिड़ गया।

एक खिड़की के पास कुछ तीस के पास की वय की एक महिला सर पर पल्लू लिये, होठों में लाली लगाये, हाथों में चूड़ियों का एकाधिक दर्जन धारण किये हुए पति देव के पहलू में बाहर से आती धूप में दमकती बैठी है। वह इस नयी आफत से अविचलित है। मानो वह मन में ठान बैठी है कि उस जगह से उसको और न ही उसके पति को कोई विस्थापित कर सकता है। परन्तु सीटों के असली हकदारों के आ जाने से पति देव कुछ आशंकित हुए और लम्बे सफर में पत्नी को सहजता उपलब्ध कराने की चिन्ता से उनके माथे पर लकीरें गहराने लगीं।

"सर हमारी टिकट कन्फर्म है। हमने तीन महीने पहले ही बुक करायी थी ताकि आराम से सफर कर सकें, आप जरा उठेंगे?" मौली की गर्जना सुनाई पड़ी। पति कुछ कहे इससे पहले ही उस वीरांगना ने मोर्चा सँभाला—"टिकट खरीदी है तो क्या पूरी ट्रेन खरीद ली? हमने भी पैसे दिये हैं इसके लिए!" इस अप्रत्याशित बाउंसर से मौली अचंभित हो गया। लगा कि कोई उसे उसी के मैदान में पटखनी दिये जा रहा है। टोली के सामने किस कदर बेइज्जती कर रहा है; और शत्रु भी कौन—एक कृशकाय कमजोर सी महिला। अब तो सीधी लड़ाई के अलावा कोई चारा ही नहीं बचा। "मैडम सीधे से हट जाइये वरना हम टी.टी. को बुलाते हैं" ब्रिगेड ने लगभग धमकी ही दे डाली। महिला ने भी हाथों की कलाकारी दिखाते हुए मुँहतोड़ जवाब दिया, "बुलाओ तुम्हारे टी.टी. को मैं भी देखती हूँ।" मौली को धराशायी होते देख उसके जनरल एकजुट होने लगे, मौली के प्रति वफादारी साबित करने का मौका जानकर उस वीरांगना से लोहा लेने लगे। इस महासंग्राम ने पूरे डिब्बे को अपनी चपेट में ले लिया। कई किले नेस्तानाबूद हुए पर वह काँटा अभी तक अपनी जगह से टस से मस न हुआ।

वह वीरांगना अपने तीखे वाक्-बाणों से अकेले ही मोर्चा सँभाले खड़ी थी, पति के अनुनय-विनय की तुच्छ बाधाओं को कुचलती हुई अपनी तीव्र गर्जना से शत्रु पक्ष को घायल करती जा रही थी। जाने क्यूँ आज किताबों के कठिन से कठिन थ्योरम और सवालों से ज्यादा दुश्वार इस औरत के सवाल लग रहे थे मौली को। पति देव धर्म पत्नी के विरोध से भयभीत हो मौन धारण कर लेते पर जब उन्होंने देखा कि धर्म पत्नी की वाणी अधर्मी हो रही है और रण भूमि में गृह युद्ध के कायदे घुसते चले जा रहे हैं तो उसको गीदड़ भभकी भी दिखानी पड़ी, पर सब बेकार।

अब अगर मौली का दल ही युद्ध विराम कर समझौते का कोई रास्ता निकाले तो कुछ चैन मिले, यही सोच कर उस आदमी की कातर नजरें दीदी पर ठहर जाती हैं। दीदी को पता नहीं क्यूँ वह बेबस चेहरा भावुक कर देता है। वह खुद को कुछ वक्त के लिए उस द्वन्द्व युद्ध से अलग करती हैं और उन आग्रह भरी आँखों की व्यथा को पढ़ने की कोशिश करती है। "मैडम, प्लीज, हमें कुछ देर यहाँ बैठने दीजिए, इनका इलाज चल रहा है, इसलिए यह ऐसा कर रही हैं, कृपया अपने बच्चों को थोड़ा शान्त रहने को कह दीजिए। इनकी दिमागी हालत ठीक नहीं है।" यह सुन कर दीदी का रहा सहा आवेग भी न जाने कहाँ गुम हो गया। उन्होंने बिना कुछ जवाब दिए लड़कों को शान्त रह कर जगह बनने का इन्तजार करने का आदेश दिया।

अब दीदी उस औरत के प्रति चिढ़ के बजाय सहानुभूति भरी नजरों से देखने लगी। वह शान्त और गम्भीर हो गयी, उसकी उम्र और बीमारी के बीच सहसम्बन्ध को तलाशती जिसका एक और पहलू था—उसका पति। वह सोचने लगी कि आखिर ऐसी क्या चीज है जो दो विषम को जोड़े हुए है? एक सामान्य और एक असामान्य को बाँधे हुए है। दुनिया में न तो विकल्पों की कमी और न ही अवसरों की। फिर भी एक ही आश्रय में टिके रहने के पीछे जाने कौन सा आकर्षण काम करता है? कौन सा सीमेंट या गोंद है जिससे रिश्ता शरीर या मन के दायरे से बाहर निकल कर आत्मा के स्तर पर गहरे चिपक जाता है? फिर वही प्रश्न कि दुनिया में जब लेने-देने और पलायन का भी विकल्प है, पर शायद इस प्रश्न का उत्तर खुद दीदी भी अपने और शशांक के बीच के अलगाव को दूर करने को तलाश रही है।

शशांक और दीदी का विवाह भी तो दुनिया की उसी लेन-देन और अवसर-विकल्प की परिपाटी में हुआ था। स्कूल का औसत रिजल्ट इसमें सहायक बना और दीदी के लिए आगे की पढ़ाई की बजाय शादी की राह ज्यादा उचित समझी गयी। शशांक के घर वालों को भी साधारण पढ़ी-लिखी कम उम्र की बहू चाहिए थी; हालाँकि वह खुद उच्च शिक्षित और अच्छी नौकरी वाला था और उम्र में दीदी से दस-बारह साल

बड़ा था। इकलौता लड़का, धन-दौलत, प्रतिष्ठा। माँ को बड़े घर, गहनों गाड़ियों का आकर्षण भाता था तो पिता को नाम—शोहरत की चाह। हर किसी को अपने हिस्से का कुछ न कुछ मिल रहा था। राजी खुशी दो परिवारों का सम्बन्ध बना; पर दो इनसानों के सम्बन्धों का क्या? इसकी चिन्ता तो किसी को न थी। परिवार के लिए व्यक्ति को कुछ कुर्बानी देनी होती है पर क्या वह सिर्फ एक को ही देनी होती है? ये तो दीदी को समझ ही नहीं आता था। खैर शशांक एक अच्छी बहू लाने वाला लायक बेटा तो साबित हुआ, अच्छी पत्नी की बात तो कहीं दूर ही रह गयी थी—शायद। दीदी को शोहरत की कभी कमी नहीं हुई। अपने सरल स्वभाव से वह घर को सँवारने में सफल रही। मध्यमवर्गीय गुण और संस्कार की बदौलत वह घर और समाज में सहजता से फिट हो गयी थी पर उसके वही गुण शशांक के उच्च वर्गीय समाज में जाने क्यूँ समा नहीं पाये।

शशांक की बौद्धिकता और दीदी की सरलता में ताल-मेल नहीं बैठ सका। शशांक की परिपक्वता और दीदी की चंचलता में जमीन-आसमान का फासला है। माँ ने कहा था कि अन्तर सिर्फ उम्र में है और कुछ समझौते तो जिन्दगी में करने ही पड़ते हैं। पर दीदी को फासला व्यवहार, सोच, जीवन दृष्टि—हर जगह दिखा। तो क्या वह जीवन में की जगह जीवन से ही समझौता कर ले? इस फासले को कम करने के लिए ही दीदी ने नये तौर-तरीके सीखने की कोशिश भी की। एकाध सफलता भी मिली, पर एक शो के दौरान उसके ठहाकों से शशांक की त्योरियाँ चढ़ गयीं और मौली की मौजूदगी में ही वह उस पर बरसने लगा। बेचारा मौली मायूस और भय से नीला पड़ गया।

इस बीच मौली ब्रिगेड ने कुछ ऐतिहासिक और भयावह पात्रों को अपने सफर का साथी बना लिया। अपने अपमान के बदले एक शीत युद्ध शुरू कर व्यंगों की गोलाबारी शुरू कर दी। "महारानी विक्टोरिया की ट्रेन है।" मौली ने आक्रमण किया। "तब तो विक्टोरिया इस चुड़ैल की तरह दिखती होगी", किसी ने आग में घी डाला। "अगर हिटलर होता तो उसका नाम?" "वह भी बिल्कुल ऐसी ही दिखती," किसी ने मन की भड़ास निकाली। "उसका नाम झाँसी वाली हिटलर बाई रखते," किसी ने फब्ती कसी, "वह तो दिखती भी ऐसी ही," किसी ने प्रहार किया। एक ने उसके पहनावे पर कटाक्ष किया, "इसकी चूड़ियाँ तो खास आर्डर दे कर बनवाई जाती होंगी"। कोई उसको बीस किलो का बम कहता तो कोई उसमें लाल मुँह की डायन का अक्स देखता और किसी को वह कानफाणू और अजीब बला लगी। किसी ने अचरज किया कि उसका पति अभी तक बहरा क्यूँ नहीं हुआ। इन व्यंगों और कटाक्षों

से बाकी लोग अपनी हँसी नहीं रोक पा रहे थे। पूरी टीम अपनी लाचारी और आक्रोश को इस तरह निकाल कर अपना बोझ कम करना चाहती थी।

वह औरत अब दुश्मन से एक विदूषक में बदल गयी थी। उसकी लकड़ी सी कलाई किसी को चूड़ी रखने का स्टैंड लगती तो कोई उसकी दुर्बल काया को टूटने से बचाने के लिए लेमिनेशन कराने की सलाह दे रहा था। उसका पति से सट कर बैठना लोगों को यूँ लगता जैसे विक्रम बेताल की जोड़ी। हाई हिल की सैंडिल का भार उसके पैर कैसे उठाते होंगे ये उनके कौतूहल का विषय बन गया। देवी जी तीखी नज़रों से उनको देखतीं और सारी भड़ास पति के कानों पर पिघले शीशे की तरह उतार देतीं। पति शान्त रहने की विनती कर और रास्ते से गुजरते नदी-पहाड़, घर-मन्दिर आदि दिखाकर ध्यान बँटाने की चेष्टा करता। ज्यों-ज्यों फब्तियों का वेग बढ़ता जाता उसके चेहरे का रंग उतरता जा रहा था। उसे अपमान की पीड़ा से ज्यादा पत्नी के सन्तुलन के बिगड़ने का भय सता रहा था। छींटाकशी से पत्नी को बचाता वह व्याकुल हो रहा था जिसे साफ महसूस कर रही थी, दीदी।

वह महसूस कर रही थी उस पति की पीड़ा और लाचारी को जिसकी पत्नी का चिड़ियाघर के जानवर की तरह उपहास किया जा रहा था। उसकी बेचारगी का जिसका जीवन साथी जिन्दगी की आपाधापी में अपनी गति खो चुका था, जो ऐसी दुनिया में जा रहा था जहाँ उसका प्रवेश नहीं हो सकता था। वह उसे स्नेह की ढाल में यूँ छिपा लेता मानो हर वार बचा ले जाएगा।

"मुझे भूख लगी है।" चने वाले को देख कर उसके मुँह से आवाज निकली। सारी टीम एक साथ चीख उठी, "बंदरिया चने खाती है।" अचानक दीदी विचारों के साये से बाहर निकली, उसने धीरे से बच्चों को चुप कराया, प्यार से बुला कर ऐसा न करने की समझाइश दी। दीदी ने समझाते हुए कहा, "देखे सामने उस आदमी को, पत्नी के सामान्य ना होने पर भी वह कितने प्यार से उसको साथ लिये बैठा है। जबकि लोग अपने ईगो के लिए आपस में ही तलवारें उठा लेते हैं वह सब कुछ सह कर भी उस पर झल्ला नहीं रहा। अपने सीमित बजट में ही सही पर जो बन पड़ता है, हासिल करना चाहता है। उसके बचपने और नखरों से उकता नहीं रहा, उसकी हर पसन्द-नापसन्द का ख़याल कर रहा है। दसियों सामान वालों से उसकी पसन्द का सामान मोल ले चुका है। क्या हमें उसकी इनसानियत की कदर नहीं करनी चाहिए?"

दीदी का यूँ समझाना पूरी टीम को झकझोर गया। खिड़की से आत्मग्लानि का एक जोर का झोंका अन्दर प्रवेश कर गया। उस रात दीदी का सिसकता चेहरा मौली

की आँखों के सामने नाच गया। वह जड़वत बैठा रह गया।

सन्नाटे को चीरती चने वाले की आवाज गूँज उठी, "साहब, मेरे पास भी चिल्लहर नहीं है। स्टेशन आ रहा है, जल्दी करो।" वह औरत गुस्से में तमतमा उठी और जूठे चने वापस ले जाने को कहने लगी। चना वाला भी बेकाबू सा हो गया। पति बार-बार पर्स में हाथ डालकर चिल्लहर तलाशने की कोशिश कर रहा था पर मिले कहाँ; सारा चिल्लहर तो बाकी फेरीवालों को सुपुर्द कर चुका था। औरत की तुनकमिजाजी ने चायवाले को विकराल रूप धरने में मदद ही की। "रहने दीजिए सर, चिल्लहर मेरे पास है।" मौली ने आहिस्ता से कहा। वह बदले में सिर्फ थैंक्स कह पाया। न जाने कब द्वेष सद्भावना में और वितृष्णा करुणा में बदल गयी। मथुरा पहुँचते महिला ने पेड़े की ज़िद की। पति ने भी इस फर्माइश को पूरी करने की ठानी और भीड़ से जूझता नीचे उतरा। अचानक टी.टी. को आता देख, भयाक्रान्त महिला उस अनजान भीड़ में पति को तलाशने अपनी नजरें फिराने लगी। असफल प्रयास के बाद बेबसी से उसने दीदी से निवेदन किया, "दीदी, आपके पास फोन है क्या?" दीदी ने पहली बार इतने करीब से उसकी आवाज सुनी। उसको आश्वस्त कर आराम से बैठने को कहा। महिला का चेहरा खिल उठा। "आप लोग कहाँ जा रहे हैं?" पहली बार उसके चेहरे से मुस्कराहट की किरण फूटी। मासूमियत और भोलापन दीदी को उसकी आँखों में साफ झलक रहा था। दीदी को आँखों की यह भाषा साफ समझ में आ गयी क्योंकि ये उनकी आँखों की भाषा से मिलती जो थी। उसकी निश्छल आँखें स्वस्थ लोगों की चालबाज और धूर्त आँखों से अलग साफ और पानीदार लग रही थीं। जब पति पेड़े लाया तो उसने दीदी से खाने का अनुनय किया। इस आग्रह को टालना दीदी के बस में नहीं था। इस तरह सफर संगम के समान हो गया जहाँ विचारों की गंगा-जमुना का मिलन होता जा रहा था।

मंजिल आता देख पति हड़बड़ी करने लगा—महज कुछ पल ही रुकती है गाड़ी ऐसे में सामान सँभाले या बीमार बीवी को, हमेशा यही दुविधा रहती है, सफर में। पर आज त्योहारी भीड़ में तो वह पस्त सा लग रहा है। पत्नी के बाल सँवारे, शाल ओढ़ाया, ससुराल आ रही इसलिए सर ढंका, पैरों में सैंडिल पहनाई। स्टेशन आने से पहले ही दरवाजे तक पहुँचना चाहता था ताकि पत्नी को धक्के-मुक्की से बचा सके। लेकिन स्टेशन उम्मीद से पहले ही आ गया और बैगों को समेटने की उसकी तैयारियाँ अधूरी ही रह गयीं। पसीने से लथ-पथ वह इनसान बदहवास सा बस कोशिश ही करता रहा। बस। "आप मैडम को ले कर चलिए, सर। सामान हम पहुँचा देते हैं" अचानक ही टीम ने कहा और पल भर में सामान बाहर पहुँच गया।

"तो महारानी लक्ष्मीबाई की झाँसी आ ही गयी।" दीदी ने मौली के वापस आने पर मुस्कराते हुए कहा। मौली ने नज़रें झुका कर आहिस्ता से कहा, "दीदी! एक बात कहूँ?" दीदी ने पलकें उठाईं "अच्छी केमिस्ट्री है दोनों में।" मौली की आवाज काँप गयी। "हाँ! मौली, लाइफ साइंस डार्विन के नियमों से काफी अलग है। यहाँ एक्शन का रिएक्शन जरूरी नहीं और गलाकाट कॉम्पटीशन की जगह कोआर्डीनेशन जरूरी है। आपसी प्यार और सहयोग तथा प्यार से विरक्त नॉलेज जिन्दगी को वैसा ही बनाता है जैसे बिना खुशबू के फूल।" दीदी की शान्त मन्द आवाज सभी के कानों में गूँज गयी। इस आवाज की थरथराहट को दीदी के अलावा सिर्फ मौली ही महसूस कर सका।

जीवन के अनुभव की सीख ले कर उत्साह से दमकते टीम मौली के सदस्य नये उत्साह से इस यादगार सफर का मज़ा लेने लगे।

उस महिला की वह वेटिंग सीट बहुत देर तक खाली ही रही। दीदी बहुत देर तक उस खाली जगह को निहारती रही।

बरक्स

•

अमृता ठाकुर

फोन की घंटी जोरों से घनघना रही थी। ओफ ओह! अब फोन की घंटी बज रही है तो उसे उठाने की जिम्मेदारी भी मेरी ही है। दरवाजे पर घंटी बजेगी तो मैं ही जाकर देखूँ। सारे अनप्रडक्टिव काम आम औरतों के हिस्से ही हैं। प्रकृति गैस की आँच को कम करके, बड़बड़ाती हुई फोन की ओर गयी। बेडरूम से प्रतीक के करवट लेने की आवाज़ आयी। इंटरकाम था, कूरियर वाला आया है जिसकी सूचना गार्ड दे रहा था। "भेज दो, इतनी बार आता है अब आप पूछा मत करो, सीधा भेज दिया करो।"

"नहीं मैडम जी हमें निर्देश है कि पूछ कर ही किसी बाहर वाले को अन्दर घुसने दें।"

"ठीक है, भेज दीजिए।"

जरूर प्रतीक के ऑफिस से कोई पत्रिका आयी होगी। इतना बड़ा पब्लिशिंग हाउस है, रोज कोई ना कोई पत्रिका छपती ही रहती थी, कई बार तो लिफाफे को खोलकर देखने की ज़हमत भी नहीं कि जाती, सीधा रद्दी में। प्रकृति ने कूरियर वाले से फटाफट साइन करके लिफाफा लिया और लिफाफे को टेबल पर पटक कर किचन की ओर भागी। सब्जी नीचे लगनी शुरू हो गयी थी। हलकी जलने सी बदबू आ रही थी। "चलो शुक्र है नीचे ज्यादा नहीं पकड़ा नहीं तो सब्जी का टेस्ट बर्बाद हो जाता।"

"प्रकृति खाना हो गया है तो निकाल दो प्लीज!" प्रतीक उनींदा सा बोलता हुआ बाथरूम में चला गया। प्रकृति खाने को टेबल पर लगाने लगी, अचानक नज़र लिफाफे पर पड़ी। काले स्केच से बड़ा-बड़ा लिखा हुआ था, प्रकृति वर्मा, 232 डिफेंस कालोनी, नयी दिल्ली। भेजने वाले की जगह पर घसीट कर साइन किया हुआ था। धक्... रोहित! हाँ रोहित का ही सिग्नेचर है। प्रकृति के माथे पर पसीना आने लगा, पर इतने सालों बाद, अचानक उसे मेरी याद कैसे आ गयी। लिफाफे को मुट्ठी में

भरकर बच्चों के कमरे की ओर भागी। फटाफट लिफाफा खोला। एक बर्थडे कार्ड। एक प्यारा सा बच्चा फूलों का गुलदस्ता लिए मुस्कुरा रहा है। तुम पास हो न हो हर वक्त मेरे जेहन में रहती हो, हैपी बर्थडे। ये पत्र इतने दिनों बाद, बस तुम्हें बताने के लिए कि मैं ज़िन्दा हूँ। नीचे रोहित का सिग्नेचर और पेन से दो लाइनें डालकर एक मुस्कुराते चेहरे का स्केच। रोहित, रोहित, रोहित अब तुम कैसे दिखते हो? क्या तुम्हें अभी भी लगता है कि हमारे बीच कुछ कैमिकल लोचा है? ये दो शब्द जब भी मेरे जेहन में आते हैं, हँसी अपने आप चेहरे पर आ जाती है। दो-तीन मुलाकातों के बाद बड़ा गम्भीर सा चेहरा बना कर रोहित ने कहा था—प्रकृति हमारे बीच कुछ कैमिकल लोचा है, तुम्हें देख कर ऐसा लगता है कि तुमसे मिलना ही था मुझे। हाँ पाँच साल हो गये रोहित से मिले, नहीं बल्कि उसका चेहरा देखे। हवा की तरह आया और चला गया। हवा का एक ऐसा झोंका जो आये हुए तूफान से बस मुझे निकालने आया था। अगर वो नहीं आया होता तो क्या मैं अपने आप को सँभाल पाती? खुद को तो शायद सँभाल लेती पर अपने रिश्ते को सँभाल नहीं पाती। प्रतीक से मिले झटके ने मुझे हिला दिया था। किसी चीज पर विश्वास नहीं हो रहा था—अपने चलने में, अपने खड़े होने पर, अपने ज़िन्दा रहने पर। तब मुझे पता चला था कि जब किसी इनसान का विश्वास टूटता है तब उसे कैसा महसूस होता है। उसे अपने होने पर भी विश्वास नहीं रहता। पर रोहित ने कितनी आसानी से मुझे उस मनोःस्थिति से निकाल लिया था। मेरे रिश्ते को तो तुमने बचा लिया रोहित! पर मैं बिल्कुल बदल गयी हूँ। मैं वो प्रकृति रही ही नहीं। लेकिन वो पहले वाली भावनाएँ? शायद रहीम कवि ने इसे ही महसूस करके कहा होगा रहिमन धागा प्रेम का मत तोड़ो चटकाय, जोड़े से फिर न जुड़े, जुड़े गाँठ पड़ जाय। ये गाँठ क्या कभी खुल पाएगा? ओह ! पता ही नहीं चला, दो बज गये, चलो खाना तो बन गया, एक काम खत्म हुआ। बच्चे किसी भी समय पहुँचने वाले होंगे, उसके बाद तो वक्त उनके आगे पीछे भागने में ही निकल जाएगा।

समय अपनी गति से चल रहा था। देखते-देखते पाँच साल निकल गये। लेकिन कुछ घटनाओं की परछाई आपका पीछा नहीं छोड़ती। वो दिन जब भी याद आते हैं, एक अजीब सी मनोस्थिति में पहुँच जाती हूँ। 'प्राकृतिक तौर पर इनसान हो या जानवर, एकनिष्ठ नहीं होता है। समाज उसके व्यवहार को नियन्त्रित करके उसे एकनिष्ठ बनाने का प्रयत्न करता है। स्वाभाविक है हमारा समाज क्योंकि पुरुषों के प्रति ज्यादा उदार है तो वो उसके व्यवहार को उतनी कड़ाई से नियन्त्रित करने का प्रयत्न नहीं करता जितना स्त्री के व्यवहार को करता है। स्त्री की यौनिकता को

अगर वह खुला छोड़ दे तो उसकी सत्ता हिल नहीं जाएगी।' रोहित तुम्हारे ये लफ्ज आज भी कई बार सोचने को मजबूर करते हैं। तुमने मेरे आत्मविश्वास को ये कह कर सँभाला था। तुम सच कह रहे थे रोहित! प्रतीक की बेवफाई की वज़ह मेरी कोई कमी नहीं थी। कमियाँ किस इनसान में नहीं होतीं। कमियाँ क्या प्रतीक में नहीं थीं? प्रतीक खाने की टेबल पर बैठ चुका था।

"यार! मुझे तो खाना दे दो, बहुत भूख लग रही है। तुम जिस दिन घर में रहती हो, कुछ स्पेशल बनाती ही हो। सोच-सोच कर भूख लग रही है। हाँ! फोन किसका आया था?"

"इंटरकाम था। कूरियर आया था।"

"हूँ ! क्या था?"

"वह कुछ नहीं फालतू सी एक किताब थी।" प्रकृति को घबराहट हो रही थी। पर मन जो था वह उस घबराहट को ही चुनौती दे रहा था। किस बात की घबराहट? ऐसा क्या किया मैंने? कम से कम प्रतीक की तुलना में तो कुछ भी नहीं किया। क्या स्मूद चल रही लाइफ में हलचल का डर था? प्रतीक को माफ करने के पीछे क्या यही वजह तो नहीं थी? नहीं! प्रतीक को हटा कर ज़िन्दगी की कल्पना नहीं कर पा रही थी। क्या इसे प्यार कहेंगे या आदत। मुझे प्रतीक की आदत हो गयी थी? नहीं लत कहना ज्यादा ठीक रहेगा। लत छोड़ने में ज्यादा दिक्कत होती है। इनसान का मन उस लत के नुकसान को समझते हुए भी उसी तरफ भागता है। एक मन कह रहा था, प्रतीक को रोहित के बारे में बता दें उसे भी तो पता चले कि छले जाने पर कैसा महसूस होता है। नहीं, मेल इगो कभी भी इसे पचा नहीं पाएगा। ये सही है! आप रिश्ते बनाओ तो तर्क है 'हो जाती हैं इनसान से गलतियाँ', औरत बनाये तो माफी की कहीं कोई गुंजाइश नहीं।

"अरे यार! तुम कहाँ खो जा रही हो। खाने में मेरा साथ दे दो।"

"नहीं! मुझे भूख नहीं लग रही है। अभी तुरन्त खाना बनाया है ना! भूख मर जाती है।"

"मम्मी भूख... लगी है। क्या बना है मम्मू?" बच्चे भड़भड़ाते हुए घर में घुस आये। शान्त पड़ा घर अचानक शोर से सराबोर हो गया। स्कूल बैग वहाँ फेंका, जूते कीचड़ सहित कालीन की शोभा बढ़ा रहे थे। मुझे उन्हें इस समय टोकना ठीक नहीं लगा। खाने की मेज पर दुनिया भर की बातों का दौर शुरू हो गया। पर प्रकृति का मन कहीं नहीं लग रहा था। किसी तरह खाने-पीने का कार्यक्रम निपटाने के बाद

बच्चों को कमरे में आराम करने के लिए भेज दिया। प्रतीक भी टीवी के किसी न्यूज चैनल के डिस्कशन में डूब गया। मैंने बरतनों को समेट कर सिंक में डाल दिया। थकावट सी महसूस हो रही थी, शायद शारीरिक से ज्यादा मानसिक। थोड़ी देर आराम कर लेती हूँ, सोना तो मुश्किल है। किसी भी समय बिमला बरतन धोने के लिए आ जाएगी।

पलँग पर लेटते ही फिर एक बार मन चाहा रोहित के कार्ड को देखूँ। रोहित से मेरी मुलाकात आज से लगभग पाँच साल पहले हुई थी। प्रज्ञा ने अपने घर में एक छोटी सी पार्टी रखी थी। रोहित महिलाओं के बीच घिरा कृष्ण कन्हैया से कम नहीं लग रहा था। जब प्रज्ञा ने रोहित का परिचय मुझसे करवाया तब मेरे मुँह से निकल गया—"अरे! इनका नाम रोहित नहीं कृष्ण कन्हैया होना चाहिए था।" छूटते ही बोला—"हाँ होता अगर आपका नाम प्रकृति नहीं राधा होता।" पार्टी के दौरान खास उससे बातचीत नहीं हुई। लेकिन मैं लगातार गौर कर रही थी कि उसकी नज़रें मेरी ही तरफ हैं। अगले ही दिन उसका फोन आ गया एक्सक्यूज था बेटी ने गलती से फोन लगा दिया है। अब गलती से फोन लग ही गया है तो हालचाल पूछना और भविष्य में मिलने की सम्भावना को तलाशना तो स्वाभाविक ही था। लेकिन मैंने उसके सारे सवालों को अधर में लटका कर छोड़ दिया—मिलते हैं, जल्द ही; शायद कभी नहीं, हाँ बनाती हूँ प्रज्ञा के साथ प्रोग्राम। उसके बाद भी कई बार उसका फोन आया, पर मेरी कभी उससे बात करने की बहुत इच्छा नहीं हुई। मैंने रोहित के बारे में प्रतीक को भी बताया, उसका इस तरह की बातों को सुनने के बाद एक ही तरह का जवाब होता था।

"दोस्ती-वोस्ती कुछ नहीं होती, ये सब कहने की बातें हैं। मेल क्या चाहता है, मुझे खूब पता है। मैं इनके रग-रग को जानता हूँ, मैं भी वही हूँ ना! औरत देखी नहीं कि बस...।"

"मेल? तुम भी ऐसा ही करते हो क्या?"

"इतने सालों में तुमने मुझे इतना ही पहचाना है?"

"पता है प्रतीक! मेरी कभी-कभी इच्छा होती है कि फिर से किसी के प्यार में डूब कर देखूँ। पर मुझे कोई पुरुष आकर्षित ही नहीं करता। शायद मैं इतनी सन्तुष्ट हूँ तुमसे कि मुझे जरूरत ही नहीं महसूस होती।" प्रतीक के चेहरे पर निश्चिन्त और सुरक्षित से भाव आये।

फिर एक दिन अवनि का वो फोन, वो चिट्ठियाँ, प्रतीक की वो स्वीकारोक्ति, मेरे पैर के नीचे से ज़मीन ही खींच ली। उनका अफेयर पिछले छह सालों से चल

रहा था। और मुझे पता भी नहीं चला? इसे क्या कहेंगे विश्वास या अन्धविश्वास?

"प्रकृति मैं तुम्हें ये बताना चाहता था, पर हिम्मत नहीं हुई। याद करो जब हमारे रिश्ते ठीक नहीं चल रहे थे, उसी दौरान ये रिलेशन डेवलप हो गया, फिर मैं कैसे इस रिलेशन में डूबता गया मुझे खुद भी नहीं पता लगा। पर इसका अर्थ ये नहीं है कि तुम्हारे प्रति मेरी भावनायें मर गयी थीं। क्या एक ही समय में दो इनसान से प्यार नहीं किया जा सकता?"

"पता नहीं। शायद मैं नहीं कर सकती।"

"मैं तुम्हारा गुनहगार हूँ, मैंने तुम्हारे प्रति अपराध किया है। तुम्हारा जो फैसला होगा, मैं उसे पूरे दिल से मानूँगा।"

"तुम क्या चाहते हो?"

"मेरी इच्छा छोड़ दो। इतने सालों तक तो मैंने अपने बारे में ही तो सोचा है, मैंने क्यों नहीं एक बार भी तुम्हारे बारे में सोचा। हाँ! लेकिन ये भी सच है कि मैं तुमसे अलग हो कर ज़िन्दगी के बारे में कल्पना नहीं कर पा रहा हूँ। यही वजह है कि जब अवनि रिश्ते को एक मुकाम पर पहुँचाने की बात करने लगी तो मैं अचानक सपनों की दुनिया से बाहर निकल कर जमीन पर आ गया। मेरे लिए तुम्हें छोड़ना सम्भव नहीं है।"

"वजह? क्या बच्चे हैं? या परिवार सोसायटी का डर? किसी दूसरे की वजह से मुझे ढोने की जरूरत नहीं है। ऐसा करोगे या कर रहे हो तो तुम मेरा, मेरी भावना का अपमान कर रहे हो।"

"तुम्हें पता है, ये सब बातें मेरे लिए इतनी मायने नहीं रखतीं।"

"अच्छा तुम बताओ, मेरी जगह तुम होते तो क्या करते?"

"सच कहूँ? नहीं! मैं नहीं माफ कर पाता। मैं तो ये सोच भी नहीं सकता। इसे तुम मेल इगो कहो या जो कुछ, पर मैं ये नहीं कर पाता।"

टन टन...न न...ढप। रसोई से बरतन गिरने की आवाज़ आयी। प्रकृति उठ कर रसोई की तरफ भागी। सारा दूध रसोई में फैल गया था और बिल्ले महाशय आराम से दूध पी रहे थे। उसे देखते ही खिड़की से बाहर छलाँग लगा दी। वह पोछा लाने बाथरूम की तरफ गयी। बेडरूम में घुसते ही धक्...प्रतीक रोहित के कार्ड को ध्यान से पढ़ रहा था। वह तेजी से धड़कनों को सँभालने बाथरूम में घुस गयी। अब क्या होगा? प्रतीक उसे कभी नहीं माफ करेगा। साँस रोके बाथरूम से बाहर निकली। प्रतीक उसके चेहरे को ध्यान से देखने लगा, जैसे उनकी लकीरों में कुछ पढ़ना चाहता

हो। प्रतीक का चेहरा कसैला हो उठा था। दोनों के बीच मौन पसर गया। प्रकृति को इस चुप्पी को तोड़ना ही पड़ा।

"रोहित से मेरी दोस्ती अवनि वाले मामले के दौरान हुई। मैं बहुत अकेली हो गयी थी प्रतीक! वह मुझे समझ रहा था। मेरे लिए उस समय यही सबसे बड़ी बात थी। वह तुम्हारे खिलाफ कुछ नहीं बोल रहा था, शायद इसीलिए मैं उससे अपनी बातें शेयर कर पायी। उसने मुझे फिर से खुद पर विश्वास करना सिखाया।"

"हूँ।"

"मुझे उसका साथ अच्छा लगता था। मैं इतने सालों बाद तुम्हारे अलावा किसी को पसन्द कर पायी। अवनि वाली घटना ने तुम्हें मुझसे खींच कर अलग खड़ा कर दिया था, शायद तब मैं तुमसे बाहर निकलकर कुछ देख पायी।"

"फिर तुमने उस रिश्ते को कोई रूप क्यों नहीं दे दिया?"

"नहीं मैं उस रिश्ते को कोई रूप नहीं देना चाहती थी। उस रिश्ते का कोई रूप था भी नहीं। वह मेरी जिन्दगी में तुम्हारी जगह रीप्लेस करने नहीं आया था और ना किया उसने। वह बस मेरे उस एकान्त कोने का हिस्सा है जिसे मैं महसूस तो करती थी पर जानबूझ कर नज़रअन्दाज किए हुए थी।" प्रतीक दीवार का सहारा लेकर पलँग पर बैठ गया। टकटकी लगाकर जमीन की तरफ देखने लगा। गला साफ करते हुए धीमी आवाज में बोला, "मैं नहीं जानता था मेरी गलती की इतनी बड़ी सजा मुझे मिलेगी। तुम मुझे छोड़ देतीं वह शायद मेरे लिए आसान सजा थी। ज़िन्दगी भर अकेला रह लेता। लेकिन...।"

"आई नो ये सब तुम्हारे लिए बहुत मुश्किल है। मैंने अभी तक तुम्हें इसलिए नहीं बताया था क्योंकि मैं तुम्हें हर्ट नहीं करना चाहती थी। मेरे मन में कोई चोर नहीं था, मुझे नहीं लगता कि मैंने ऐसा कुछ किया जो गलत हो और मुझे छिपाना पड़े। बाकी तुम्हारे हर फैसले के लिए मैं तैयार हूँ।" प्रकृति का दिल जोर-जोर से धड़क रहा था। कुछ बड़ी घटना होने वाली थी जिसके लिए वह अपने मन को तैयार कर रही थी।

प्रतीक ने कुछ नहीं कहा, चुपचाप कमरे से बाहर चला गया। प्रकृति के लिए एक-एक पल भारी पड़ रहा था। कहीं एक सुकून भी महसूस हो रहा था अब जो है सामने है। वह दिन वैसा ही खामोश गुजरा। अगले दो दिन भी 'घर' की खामोशी वैसी ही बनी रही, इस खामोशी को देख बच्चे भी थोड़े सहम गये। आखिरकार प्रकृति से ये खामोशी सही नहीं गयी।

"प्रतीक कुछ तो बोलो। किसी फैसले पर तो पहुँचो। तुम्हारी ये खामोशी ज्यादा तकलीफ पहुँचा रही है।"

"प्रकृति मैं अपने आपको समझ नहीं पा रहा हूँ। मैं खुद को समझने की कोशिश कर रहा हूँ। इस घटना ने मुझे बहुत दुख पहुँचाया है, पर कहीं एक खुशी भी दे रहा है। तुम्हारे उस 'एकान्त, निजी कोने' तक पहुँचने की खुशी जहाँ तक मैं अभी तक पहुँच नहीं पाया था। क्या हम फिर से एक नये सिरे से ज़िन्दगी नहीं शुरू कर सकते?"

रुख़साना

•

प्रज्ञा तिवारी

ये वह लड़कियाँ हैं जिन्हें अपने नाम का अर्थ नहीं पता। जिनके लिए सुनीता का 'स' और रुख़साना का 'र' कोई मायने नहीं रखता। मायने रखती है तो चौराहे की लाल बत्ती। भीड़ में खड़ी लम्बी-लम्बी गाड़ियाँ। छोड़ते-भागते शीशा पोंछते इन्हें जो कभी-कभार इक्का-दुक्का पैसे मिलते हैं वही इनके लिए अक्षर हैं, वही इनकी वर्णमाला।

ऑफिस के लिए अपनी कैब का इन्तज़ार करते मैं रोज़ इन्हें देखती हूँ। शीशा पोंछने के एवज़ में गाड़ी के मालिक से पैसे मिलेंगे नहीं—इसकी सम्भावना ज्यादा होती है। लेकिन ऐसा करना सिर्फ इनके पैसे कमाने का ज़रिया ही नहीं बल्कि मनोरंजन का साधन भी है। इनमें से कुछ को बोलना बहुत आता है और कुछ होठों से तो छोड़िए आँखों से भी बोलने में शर्माती हैं।

मैंने एक बार एक छोटी सी बच्ची को पानी पिलाते व़क्त उससे पूछा था—"नाम क्या है तुम्हारा?"

उसके नाम का मुझे आज तक उससे पता नहीं चल पाया। उसकी सहयोगी रुख़साना ने मुझे बताया—

"सबीना नाम है इसका।"

"और तुम्हारा"—मैंने उससे पूछा।

"रुख़साना।"

"रुख़साना का मतलब क्या है?"

"मतलब क्या नाम है।"

दस साल की यही रुख़साना पहली लड़की थी जिसने अपनी बिरादरी की तरफ पहली बार मेरा ध्यान खींचा था।

मैं कैब का इन्तज़ार करते हुए कोई किताब पढ़ रही थी। अचानक सामने से

एक लड़की छोड़ती हुई आयी और अपना हाथ आगे कर अपनी भारी आवाज़ में कहा—"दीदी, एक रुपइया दे दो"—स्वर में थोड़ा अनुनय भी था और थोड़ा विश्वास भी।

"क्यों दे दूँ"—मैंने किताब बन्द करते हुए पूछा।

"दे दो न।"

मैंने मुस्कुराते हुए 'न' में सिर हिलाया। कुछ देर तक शायद मुझे अपने निर्णय पर दुबारा सोचने का मौका देते हुए वह खड़ी रही लेकिन ऐसा कुछ न होते देख वापस अपने साथियों के पास चली गयी।

अगले दिन मेरे आते ही उसने सड़क की दूसरी ओर से ही पुकार कर कहा—"दीदी, आज दे दो"—और अपना हाथ बढ़ाया। हाथ में कोई डिब्बा था जो काले कपड़े से ढँका था। मैंने 'न' की मुद्रा में सिर हिलाया और मुस्कुराकर किताब निकालने में व्यस्त हो गयी। लेकिन तबतक वह सड़क पार कर यहाँ आ चुकी थी।

"सनीवार है। सनी महराज को दे दो।"

डिब्बे में कुछ सिक्के पड़े थे और उसके अन्दर धूपबत्ती जल रही थी।

"सनी महाराज पैसे का क्या करेंगे।"

"आसीरवाद मिलेगा तुमको।"

"किसका तुम्हारा!"

"अरे दीदी, तुम दे दो न बस।"

पर हमेशा की तरह 'न' की मुद्रा में सिर हिलता देख हताश होकर कहा—"अच्छा, तो पानी ही पिला दो"—उन्हें पता होता था कि मेरे झोले में पानी की एक बोतल हमेशा मौजूद रहती है।

और एक को पिलाने का मतलब होता था पूरे झुंड को पिलाना। एक से दो—दो से तीन—तीन से चार। ऐसे ही एक दिन जब मैं किसी छठी या सातवीं हथेली में बोतल की अन्तिम बची कुछ बूँदें डाल रही थी तो रुख़साना ने अपनी उसी भारी आवाज़ में पूछा—"दीदी।"

"हाँ।"

"वो जो गारी (गाड़ी) आता है, वो क्या तुम्हारा अपना गारी है।"

"न"—कहकर मैंने खाली बोतल को बन्द किया और अपने झोले में डाल दिया। पानी खत्म होना था कि हथेलियों के झुंड भी एक-एक कर गायब हो गये।

"दीदी।"

"हूँ"—मेरी कैब आने का वक्त हो रहा था।

"तुम इन लोगों की तरह (सड़क पर छोड़ती गाड़ियों की तरफ इशारा करके) अपना गारी क्यों नहीं लेते हो।"

"पैसे नहीं हैं"—मैंने मुस्कुराते हुए कहा।

"झूठ। तुम तो ऑफिस में काम करता है। इत्ता बड़ा आदमी है, खरीद लो न!"

"ठीक है, खरीद लूँगी। पर मेरे गाड़ी खरीदने से तुम्हारा क्या फायदा होगा?"

"तुम्हारा गारी पोंछूँगा न मैं! तब तो तुम मुझे पैसे देगा?"

उससे अक्सर मुलाकातें होती रहतीं या यूँ कहूँ कि हम रोज़ ही मिलते। कभी बातें होतीं तो कभी बस दूर से ही मुस्कुराकर अभिवादन स्वीकार हो जाता। इन्हीं मुलाकातों में उसने मुझसे अपने लिए एक जोड़ी चप्पल की माँग भी कर डाली। जिसे मैंने सैलरी मिलने पर खरीदने की बात कहकर टाल दिया। हालाँकि, ये बात अलग है कि उसके बाद हर दिन का उसका पहला प्रश्न एक ही होता—"पैसे मिल गये तुम्हें ऑफिस से।"

फिर काफी दिनों तक वो मुझे नज़र नहीं आयी। उसकी सखी-सहेलियों से पता चला कि उसकी माँ उसे लेकर अपने मायके 'मधुबनी' चली गयी है। इस बीच मैंने भी कैब की सेवा लेना लगभग छोड़ दिया। दो-तीन महीनों में एक बार। एकाध बार उनसे ऑटो में बैठे भी मुलाकात हुई। उसी चौराहे के नज़दीकी सिग्नल पर अगर कभी उन्होंने मुझे ऑटो में बैठे देख लिया तो एक अनोखी, अप्रत्याशित खुशी के साथ चहकते हुए ऐसे घेर कर अपनी बातें बताने लगते मानो ये सिग्नल कभी ग्रीन होगा ही नहीं। शुरुआत पानी की माँग से होती—"दीदी!!!" और फिर नज़दीक आकर—"पानी पिला दो।"

और फिर बातों का सिलसिला शुरू हो जाता। रुख़साना नहीं होती पर उसका ज़िक्र अपने-आप ही लाते, मानो ये उनका फर्ज़ हो। मेरे पूछे बग़ैर ही उसकी सारी ख़बरें मुझ तक ऐसे ही आवारा पत्तों की मानिंद उड़ते-फिरते पहुँचती रहतीं।

"दीदी, रुख़साना का ना बाबू छोर दिया उस लोगों को।"

"उसका मम्मी आया था यहाँ लेकिन उसको वापस भेज दिया।"

"रुख़साना कहाँ है अभी"—मैं भी पूछ लेती।

"वो अपना नानी का यहाँ है।"

"यहाँ आएगी!"

"पता नहीं।"

और इन बातों में अक्सर ही इसका ख़याल नहीं रखा जाता कि मेरे साथ क्या कोई और भी उस ऑटो में बैठा है जिसे मुझे इस बातचीत और इस अनोखी दोस्ती

या रिश्ते का बैकग्राउंड समझाना पड़ेगा।

फिर धीरे-धीरे ये सिलसिला भी खत्म हो गया। मेरा उस रास्ते से आना-जाना बिल्कुल बन्द हो चुका था और कैब तो अब मेरे लिए एक एलियन शब्द बन चुका था। एलियन पूरी दुनिया ही हो चुकी थी। कौन से रास्ते कहाँ खुलते थे, कहाँ बन्द होते थे कुछ पता नहीं चल पा रहा था। उजाले-अँधेरों और हाईवे-गलियों के बीच चलते हुए उससे एक दिन फिर मुलाकात हुई।

मुझे किसी ने पीछे से पुकारा—"दीदी!!!!!"—थोड़ी दूर से, पर ऐसा लगा मानो अभी तो ये आवाज़ कानों को छूकर गयी थी!

मैंने पीछे देखा—रुख़साना थी—करीब छह-सात मीटर की दूरी पर। फुटपाथ पर चुक्का-मुक्का बैठी, सब्जी से सने हाथों में रोटी का टुकड़ा लिए थाली के सामने। इस फुटपाथ पर उसके जैसे लोगों की पूरी एक बस्ती रहती थी। बड़ी-बड़ी पॉलीथीनों, बैनरों और साड़ियों का टेंट बनाकर रहने वालों की बस्ती, जो अक्सर फ्लाई ओवर के नीचे की जगह को भी अपने फुटपाथ वाले घर का हिस्सा बना लिया करते हैं। इतने सारे लोगों के बीच जाने में मुझे संकोच हुआ, पर जब उसने हाथ के इशारे से मुझे दुबारा बुलाया तो मुझे जाना पड़ा।

"दीदी, यहाँ आओ"—उसने झट से अपना हाथ धोया और वहीं एक टेंट के पास मटमैले रंग की साड़ी पहनी एक महिला को दिखाकर कहा—"ये मेरा मम्मी है।"

"मम्मी, देखो ये दीदी है"—उसकी मम्मी ने पलटकर मुझे देखा और मुस्कुराकर हाथ जोड़कर नमस्ते किया।

उसकी बगल में चार-पाँच साल का एक बच्चा खड़ा था।

"ये भाई है तुम्हारा"—मैंने रुख़साना से उसकी हू-ब-हू मिलती शक्ल को ध्यान में रखकर पूछा।

"नहीं"—एक बेहद रूखा जवाब आया और उसने उस लड़के को धक्का देकर वहाँ से चले जाने को कहा। लड़का थोड़ा पीछे खिसक गया। इस बीच रुख़साना की माँ ने खुद को फिर से काम में व्यस्त कर लिया था और चेहरे को आँचल से पूर्ववत् पूरी तरह से ढँक लिया था।

"जाता क्यों नहीं इधर मत आया कर"—उसे ऐसा निर्देश देकर रुख़साना मेरी ओर मुख़ातिब हुई—"ये मेरा भाई नहीं है।"

"पर बिल्कुल तुम्हारी तरह दिखता है!"—उनके आपस में भाई-बहन न होने के बावजूद बिल्कुल एक जैसी शक्ल के मालिक होने पर मुझे हैरानी हो रही थी।

"ये सबीना का भाई है। जा तू यहाँ से!"

लड़का थोड़ा और पीछे खिसका।

"दीदी, अब तो तुम दिखते ही नहीं"—उसकी तरफ से नज़रें हटाकर उसने शिकायत की।

"हाँ"—मेरा ध्यान अब भी उस लड़के की तरफ था। वही आँखें, चेहरे की वही कटिंग, वही नाक...

मुझे उसकी तरफ देखते हुए देखकर रुख़साना ने उसे फिर हड़काया—"तू अभी तक यहीं खड़ा है भाग!"

"अरे, क्यों भगाती हो रहने दो खड़ा, क्या फर्क पड़ता है"—मैंने उसे रोका।

"तुमको पता नहीं है, इसका मम्मी का कारण हमारा बाबू रोज हमारा मम्मी को मारता है"—और फुटपाथ पर पड़े दो कंकड़ एकसाथ रुख़साना के हाथों से दनदनाते हुए रॉकेट की तरह उस लड़के पर झपटे।

"तो अपना मम्मी को बोलो यहाँ से भाग जाए!"—कंकड़ खाकर भी लड़का यह जवाब देने के लिए वहाँ रुका रहा और फिर जीभ दिखाकर सरपट भाग लिया। रुख़साना ने दो-चार कंकड़ और सम्हाले और उसके पीछे भागी।

रुख़साना की माँ ने अब आँचल थोड़ा उठाकर भागती रुख़साना को देखा, आसपास खड़े-बैठे अपनी बिरादरी के लोगों को अपनी ओर अर्थपूर्ण तरीके से मुस्कुराते हुए देखा और आँचल फिर से नीचे खींचकर काम में लग गयी।

मेरे लिए वहाँ कुछ रह नहीं गया था। मुझे पीछे से बुलाने वाली रुख़साना अभी किसी और ही के पीछे भाग रही थी। मैं चली आयी।

फिर उससे एकबार मुलाकात हुई जो अभी तक की उससे मेरी अन्तिम मुलाकात है।

पेट्रोल पंप पर हमारी गाड़ी में पेट्रोल भरा जा रहा था। मुझे फोन पर बात करनी थी इसलिए मैं थोड़ा बाहर आकर खड़ी हो गयी थी। नम्बर मिलाकर मैंने जैसे ही बात करना शुरू किया, वही आवाज़—"दीदी!"

मैंने सामने देखा। रुख़साना। सड़क की दूसरी तरफ। थोड़ी अलग थी। मुड़ी-तुड़ी पैंट और ऊपर से दो बटन खुली शर्ट ने सलवार कमीज़ का रूप धारण कर लिया था। बेतरतीब सी गुँथी एक चोटी बेतरतीब ही पर दो चोटियों में बदल गयी थी। कमर पर रखे रहने वाले हाथों की अँगुलियाँ कन्धों पर करीने से रखे गये पीले रंग के दुपट्टे के छोर में गाँठ बाँधने-खोलने में व्यस्त थीं।

लापरवाह और बदमाश रुख़साना को ये क्या हो गया?

तब तक अपनी एक सहेली के साथ सड़क पार कर वह मेरे करीब आ गयी। पहनावा कुछ भी हो, पर चेहरा वही था—हँसता हुआ—आत्मविश्वासी—चमकीली आँखों वाला।

‘‘तुम गारी ले लिया दीदी।’’

‘‘क्यों पोंछना है!’’

‘‘नहीं’’–हँसता और थोड़ा लजाता हुआ उत्तर।

‘‘वैसे भी, मेरे पास पैसे नहीं हैं।’’

‘‘तुम कितना झूठ बोलता है दीदी! उस वक्त भी बोला कि नहीं है। अब भी बोल रहा है।’’

मैं मुस्कुरा दी।

कुछ देर हम दोनों चुप रहे।

‘‘मेरा मम्मी यहीं झुग्गी में घर ले लिया है। चौदह सौ रुपया महीना पर।’’

‘‘चौदह सौ रुपये हर महीने दे देती हो’’–मुझे आश्चर्य हुआ, हर महीने इतना कमा लेते हैं ये!

‘‘हाँ, मम्मी देता है मेरा! हर महीना के अन्त में आता है मालिक।’’

‘‘अच्छा।’’

‘‘उसके पास भी ऐसा ही गारी है, पर रंग दूसरा है। मम्मी को बिठा के ले जाता है।’’

‘‘गाड़ी में?..........कहाँ?’’

‘‘किराया लेने, बैंक।’’

‘‘.....................’’

‘‘एक दिन हमको भी ले जाएगा! परामिस (प्रॉमिस) किया है’’–भारी आवाज़ में खनक आ गयी थी।

‘‘तुम्हें क्यों?’’

‘‘क्यों मैं भी तो घूमूँगा मम्मी के साथ! अभी बोलता है मैं छोटा हूँ, बैंक के अन्दर जाने नहीं देगा।’’ फिर मेरे मोबाइल को देखकर कहा–‘‘तुम्हारा मोबाइल है?’’

‘‘हाँ।’’

‘‘नया है।’’

‘‘हाँ, थोड़ा सा।’’

‘‘मैं देखूँ?’’–कहकर हाथ बढ़ाकर उसने मोबाइल ले लिया और तीस-चालीस सैकेंड की जाँच पूरी करने के बाद मुझे लौटाते हुई बोली–‘‘फोटो भी खींचता है ये?’’

‘‘हाँ’’–मुझे हँसी आ गयी–‘‘तुम्हारी खींचूँ।’’

‘‘नहीं’’–कहकर उसने तुरन्त अपना दुपट्टा अपने चेहरे पर कर लिया और पीछे मुड़ गयी। लेकिन जाने क्यों मेरे मन ने कहा कि शायद उसका इस निर्लिप्त हँसी से हँसता हुआ चेहरा मुझे दुबारा देखने को न मिले।

और फिर जद्दोज़हद शुरू हुई उसकी एक अच्छी फोटो लेने की।

रूठना, समझाना, झिझक, नाराज़गी, शर्म और जाने क्या-क्या जो मैंने उससे उम्मीद नहीं की थी। और अन्ततः जब मेरा धैर्य खत्म हो गया तो मैंने भी हार मान ली—"ठीक है, अगर तुम नहीं चाहती कि मैं तुम्हारी फोटो लूँ, तो मैं नहीं लूँगी"—और मैं गाड़ी की तरफ बढ़ गयी। गाड़ी काफी देर से सड़क किनारे खड़ी होकर मेरा इन्तज़ार कर रही थी। जैसे ही दरवाज़े तक पहुँची—"दीदी"—लेकिन इस बार मैं न पलटी न ही मैंने कुछ कहा।

अन्दर बैठने ही वाली थी कि एक दूसरी आवाज़, उसकी सहेली की—"दीदी, खिंचवाएगा ये, रुक जाओ।"

लेकिन मैंने इस बार भी नज़रअन्दाज़ कर दिया और गाड़ी में बैठ गयी। दरवाज़ा बन्द करने से पहले फिर वही आवाज़—"दीदी, रुक जाओ। ये तैयार है!"

मैंने देखा उधर। अब तक एक पूरा का पूरा झुंड वहाँ खड़ा हो चुका था। बीच में खड़ी रुख़साना लजाती और हँसती हुई मुझे ही देख रही थी।

"लेकिन मैं अकेले नहीं खिंचवाऊँगा।"

"तुम इसे किताब में तो नहीं छापोगे।"

"चुन्नी ओढ़कर।"

"मेरा मम्मी गुस्सा हो जाएगा।"

और आख़िरी में—"जब फोटो आ जाएगा तो मुझे दिखाओगे न दीदी"—उसके बोलने का तरीका अजीब-अजीब तरीकों में लिपटा होता था।

"बिल्कुल! तुम देखना कैसी लगती हो फोटो में।"

हालाँकि उसकी कोई ऐसी फोटोग्राफ जिसे मैं उसकी फोटो कह सकूँ, नहीं ली जा सकी, दो-तीन मिलीं लजाते-लजाते और वो भी उसका आधा-अधूरा चेहरा दिखातीं। बहरहाल, उसके झुंड ने मेरे फोटोग्राफी के इस शौक का पूरा इस्तेमाल किया और बाक़ायदा अलग-अलग पोज़ में जबरन मुझसे कई फोटो क्लिक करवाए गये।

वे फोटोग्राफ मेरे कम्प्यूटर में रखे हैं कहीं। प्रिंट आउट लेकर कभी दे आऊँगी उसे। एक जोड़ी चप्पल भी रखी है। पर जाने क्यों इस बार उससे मिलने से डरती हूँ....... पिछली बार की उसकी बातें याद आ जाती हैं। क्या पता, अब वो मालिक की गाड़ी में बैठ अपनी माँ की तरह 'बैंक' जाने लगी हो!

और मैं उन आँखों के निर्दोष भाव में कोई बदलाव नहीं देखना चाहती.....उन्हें हमेशा चमकीला जो देखा है....

जर्द फूलों का काफिला

•

सोनाली सिंह

कितना मुश्किल है नयी जगह जाकर खुद को सेट करना, दीवारो दर से दोस्ती करना, वहाँ की महक को अपनाना... यह सब सोचते हुए मैं अपनी क्लासमेट के साथ उसका हॉस्टल देखने पहुँची। एक सुन्दर, छरहरी और आकर्षक महिला इन्द्रधनुषी साड़ी पहने हुए अँधेरे में दिपदिपा रही थी।

"यही वार्डन है जाओ बात करो।" क्लासमेट ने मुझे उनकी ओर धकेला।

उन्हें देखकर कोई आश्चर्य में पड़ जाता कि इन्हें वार्डन किसने बनाया? वैसे काँटों का ताज गुलाब की शोभा बढ़ाता है। उनके बगल में एक मोटी, साँवले रंग की युवती सोफे पर लेटी हुई थी। अभी-अभी खाये हुए खाने की थाली सोफे के नीचे सरकी हुई थी। हमारे आने पर भी उसने उठने की जहमत नहीं उठायी और सारी फार्मेलिटी के दौरान बराबर वार्डन की हाँ में हाँ मिलाती रही। बाहर निकलते ही मैंने अपनी क्लासमेट से उस लड़की के बारे में पूछा।

"अरे उस लड़की के बारे में मत पूछो। वार्डन की खास है। वार्डन के साथ ही रहती है। उन्हीं के साथ सोती है।"

"बड़ी दोस्ती है?"

"दोस्ती क्या बेवकूफ है ? वार्डन अकेले-अकेले बोर होती रहती है इसलिए उसे चमची बनाकर रखा हुआ है। वार्डन का हॉस्टल की अमूमन लड़कियों से पंगा चलता है सो एक बॉडीगार्ड जरूरी है ना... पता नहीं कब मारा-मारी की नौबत आ जाए।"

आखिरकार वह दिन भी आ ही गया जब मुझे उस रंगीन मिजाज हॉस्टल के नगीनों में शुमार कर लिया गया। अफसोस, खूबसूरत वार्डन की रवानगी हो चुकी थी। उनकी जगह एक उम्रदराज महिला काम-काज सँभाल रही थी। हॉस्टल चार मंजिला था। सबसे ऊपर मेस और खुली छत थी। ग्राउंड फ्लोर मोन स्ट्रांग रूम। वार्डन और उसकी चमचियों की आरामगाह। खाने का मेनु, कपड़े सुखाने की जगह,

आने जाने का समय आदि महत्त्वपूर्ण निर्णय वहीं लिए जाते थे। फर्स्ट फ्लोर पर कामकाजी लड़कियों ने कब्जा जमा रखा था जो शाम के वक्त पार्टीबाजी का अड्डा बन जाता था। सेकेंड फ्लोर पर विभिन्न परीक्षाओं की तैयारी कर रही लड़कियाँ रह रही थीं। वैसे मैं फर्स्ट फ्लोर के लिए स्वीकृत थी पर अपने शान्त मिजाज को देखते हुए सेकेंड फ्लोर चुना।

उसी फ्लोर पर रहती थी वह अजीब-ओ-गरीब लड़की—रोशनी। कहा जाता था कि वह हॉस्टल की सबसे प्राचीन धरोहर थी। जबसे हॉस्टल शुरू हुआ था, वह वहीं रह रही थी। सुबह-सुबह लगा कि भूकम्प आ गया। बेड हिलता हुआ मालूम हुआ। मैं डबल स्टोरी बेड से छलाँग लगाकर नीचे उतरी।

"वेलकम टु हेल'' स्टडी टेबल पर मेरी रूम पार्टनर सिर पकड़कर बैठी हुई थी।

"ये आवाज कैसी?"

"रोशनी दी छत पर रस्सी कूद रही है। मजाल कि कोई उन्हें रोक दे। ऐसे ही रोज सुबह मेरे पढ़ने का मूड चौपट कर देती है।"

उसी दिन शाम हॉस्टल के गार्ड से उनकी चिकचिक हो गयी। अगर हमें रात में कुछ चाहिए होता था तो गार्ड की बटरबाजी करके बाहर से मँगवा लिया करते थे। उन्हें कोई टेबलेट चाहिए थी। गार्ड ने बोला—बाद में लाकर दूँगा।

"बाद में लाकर दूँगा का क्या मतलब? अभी क्यों नहीं? भले कोई आदमी मर जाए। रुको अभी फोन लगाती हूँ भइया को। वही तुम्हारा दिमाग ठिकाने लगायेंगे।" वह बेतहाशा चिल्ला रही थी। कुछ-कुछ समझ में आ रहा था कि वह किसी दबंग की लाडली बहन थी।

भाई को फोन मिलाने के तुरन्त बाद गार्ड दवाई लेकर उनकी सेवा में हाजिर हो गया।

फोन का बिल जमा करवाना हो, शापिंग करनी हो, नल में पानी नहीं आ रहा हो, लंच में कद्दू की सब्जी बनी हो...भइया। उनके मुताबिक दुनिया में कोई काम ऐसा नहीं था जो उनके भइया कर न सकें या करवा ना सकें।

"पता नहीं भइया है या सैंया?" किसी 10 प्लस 2 ने कमेंट मारा।

हम मेडिकल और इंजीनियरिंग की तैयारी कर रही लड़कियों को 10 प्लस 2 कहा करते थे। पता नहीं कैसे? उनके कानों में भनक लग गयी। उन्होंने रो-रोकर अपनी आँखें सुजा लीं। खाना-पीना छोड़ दिया।

"मैं इतनी पुरानी हूँ और ये कल की आयी लड़कियाँ मुझसे ऐसी बातें करती हैं।"

वार्डन के कहने पर लड़कियों ने रोशनी दी से माफी माँगी तब जाकर उनके गले

से निवाला नीचे उतरा।

"रोज-रोज के ड्रामे। इन्हें जरा लगता है कि आउट आफ फ्रेम जा रही हैं। बस सीन शुरू...." मेरी रूम पार्टनर बड़बड़ा रही थी।

खुफिया स्रोतों से पता चला कि डिवोर्सी है। इसलिए डिप्रेशन में रहती है। उनके पास पहनने के लिए गिने-चुने रंग थे लाल, नीला और काला। अगर दो जोड़ी सूटकेस में भी रखे हों तो कुल मिलाकर पाँच जोड़ी कपड़ों से ज्यादा नहीं थे। हॉस्टल की अच्छी-खासी फीस कैसे चुकाती थी। उत्सुकता का विषय था।

"अरे रोशनी दी, चाउमीन पैक करवा लायी थी। सिंगल परसन के लिए बहुत ज्यादा है। इसलिए आपके पास आ गयी। चलिए शेयर करते हैं।" मैं उनसे नजदीकियाँ बढ़ाने के बहाने ढूँढ़ा करती थी। उन्हें किताबें पढ़ने का बहुत शौक था। वे अक्सर मुझसे किताबें ले जाया करती थीं। लौटाने पर हम बाकायदा उस कहानी या उपन्यास पर बहस किया करते थे। धीरे-धीरे हमारी काफी छनने लगी।

"हॉस्टल में सब मतलब के साथी हैं।" अदरक वाली गर्म चाय सुड़कते हुए वह मूड में आ जाती।

"वह मीना है ना ... फर्स्ट फ्लोर वाली। उसकी अपनी रूम पार्टनर से बनती नहीं थी। पूरा दिन मेरे पास बैठी रहती थी। एक दिन मैंने उसे मॉल में देखा। उसने मुझे देखकर किनारा कर लिया। मेरे कपड़े की वजह से उसे मुझसे बात करने में शर्म आ रही थी पर मेरे बिस्तर पर पड़े पड़े शर्म कभी नहीं आयी।"

अपने स्वभाव की तरह उनकी जिन्दगी में भी अजीब अनियमितता थी। वह कभी जॉब करने लगती फिर कोई नया कोर्स शुरू कर देती। अचानक कोर्स अधूरा छोड़कर जॉब करने लगती। जब तक जॉब पर रहती, खुशी से किलकती हरती। कोर्स करने के दौरान चिड़चिड़ी हो जाती। बेवजह के झगड़े शुरू हो जाते। जब देखो तब कमरे में अँधेरा किये पड़ी रहती।

"जब जॉब करती हूँ, भइया शिकायत करने लगते हैं। दिनभर फोन करते रहते हैं। कभी फोन न उठा पाऊँ तो उलटी-सीधी बातें सुनाते हैं। मेरे चरित्र पर शक करने लगते हैं। कहते हैं कि तुम्हें जॉब करने की क्या जरूरत है... मैं हूँ ना।... जब मैं कोई कोर्स ज्वाइन करती हूँ तो खुद व्यस्त हो जाते हैं। उनके पास मुझसे मिलने का टाइम नहीं होता। मेरा फोन नहीं उठाते। मैं क्या करूँ? मेरी कुछ समझ में नहीं आता। मेरी दुनिया में कोई नहीं। एक भइया ही तो हैं।"

मैं उनके भइया पुराण से ऊबकर वापस अपने कमरे में आ गयी।

दोपहर मैं अपने कमरे की तरफ जा रही थी। रोशनी दी का कमरा आधा खुला

हुआ था। देखा वो पेट पकड़े हुए जमीन पर लेटी हुई थीं। मेरे पूछने पर उन्होंने बताया कि पेटदर्द है।

"दवा ली?"

वह हर पन्द्रह मिनिट में बाथरूम जा रही थी। पूरा बाथरूम अजीब सी खून की गन्ध से नहाया हुआ था। लड़कियाँ बाथरूम जाकर खून की गन्ध की वजह से उल्टियाँ कर रही थीं। हमारे फ्लोर पर एक डॉक्टर भी रहा करती थी, जो पीजी की तैयारी कर रही थी।

"यह एबार्शन का ब्लड है। हॉस्पिटल में काम करते हुए जिन्दगी निकल गयी। इन्होंने कुछ ऐसी-वैसी दवा खा ली है। अब इनकी इंटरनल ब्लीडिंग शुरू हो गयी है।" डॉक्टर ने बाथरूम से निकलकर घोषणा की।

वह खाना नहीं खा पा रही थी। बहुत पतली खिचड़ी जिसे वह खुद ही जैसे-तैसे मेस में जाकर बनाया करती थी। यूँ तो हॉस्टल में बीमार के लिए खिचड़ी बनाने का प्रावधान था पर उनको खुद बनानी पड़ती थी। वह बीमार थी पर सहानुभूति का पात्र नहीं थी। एबार्शन इतना बड़ा टैबू था कि उनके कमरे पर जाते हुए हमारे पैर ठिठक जाते थे। वह अक्सर बिना कुछ खाए-पिए कराहती रहती थी।

हम जानते थे कि वह घर नहीं जा सकती थी। भइया के अलावा उनका कोई सगा नहीं था। लेडी डॉक्टर ने जाकर वार्डन के कान भर दिये।

"तुम कहीं और रहने का इन्तजाम कर लो। कुछ हो गया तो हम किसी परेशानी में नहीं पड़ना चाहते।" वार्डन ने फरमान जारी कर दिया।

उसी शाम भइया उन्हें स्कूटर पर बैठाकर कहीं ले गये।

कई दिनों के बाद एक शाम वही चिरपरिचित आवाज हॉस्टल की फिजाओं में गूँज रही थी। मैंने प्रश्नवाचक नजरों से अपनी रूम पार्टनर को देखा।

"रोशनी दी वापस आ गयी।"

उसके बताते ही मैं उनसे मिलने पहुँच गयी। वह बड़े आराम से हेडफोन लगाकर गाने सुन रही थी।

"अरे दी आप कैसी हैं?"

"एकदम बढ़िया।"

"वार्डन कितनी दुष्ट है ना... इतनी खराब हालत में आपको हॉस्टल से जाने के लिए बोल दिया। अगर कुछ हो जाता तो?"

"अरे कोई पहली बार थोड़े ही है। दो-तीन बार पहले भी मेरी तबियत खराब हो चुकी है।" उन्होंने इत्मीनान से जवाब दिया।

एक शाम उन्होंने मुझे कॉफी पिलाने की जिद ठान ली। वह कॉफी पिलाएँगी मतलब भइया पिलाएँगे। मैंने हामी भर दी। हॉस्टल के बाहर कॉफी शॉप के किनारे उनके भइया स्कूटर पर टेक लगाये खीसें निपोरते हुए खड़े थे। पोपले आम सा चेहरा, खून से सने हुए दाँत, मरगिल्ले शरीर वाले भइया के सामने तो रोशनी दी मल्लिका शेरावत थीं।

"जाओ कॉफी लेकर आओ।" उन्होंने रोशनी दी को पैसे दिये।

पूरे समय वह अपनी खा जाने वाली नजरों से मुझे घूरते रहे। इतनी कड़वी कॉफी मैंने शायद ही कभी पी हो।

"तुमने रोशनी दी के भइया को देखा है कभी ? रोशनी दी तो उनके लिए टू गुड है यार!" मैं अपनी रूम पार्टनर को बता रही थी।

"बहुत घिनौने टाइप के इनसान हैं। पता नहीं रोशनी दी उन्हें कैसे बर्दाश्त करती है।"

उसके चेहरे पर उबकाई के भाव थे।

नयी वार्डन की सबसे खास चमची थी—राशी। वह हमेशा इधर-उधर टोह लेकर नमक-मिर्च लगाकर वार्डन के कान भरा करती थी।

"इसके माँ-बाप ने इसे यही काम करने के लिए हॉस्टल भेजा है।" लड़कियाँ मुँह बिचकातीं।

उसकी हरकतों से आजिज आकर हम सबने उससे बात न करने की ठान ली।

रोशनी दी सबसे बहादुर निकली। उन्होंने फ्लोर के मेन गेट पर "NO ENTRY FOR RASHI" का बोर्ड लगा दिया।

"यह बोर्ड किसने लगाया?" राशी तमतमाती हुई आयी।

"अगर बाप में दम है तो बाहर निकल कर आये।" वह गुस्से से फ्लोर के एक कोने से दूसरे कोने के चक्कर लगा रही थी।

"बाप तक जाती है, मेरे बाप तक जाती है।" उन्हें हिस्टीरिया का दौरा पड़ा।

उसके बाद जो बोला गया। हम अपने कानों में उँगलियाँ डालकर बैठ गये और राशी उलटे पैर वहाँ से रोती हुई भाग गयी। दूसरा दिन हॉस्टल के इतिहास में कभी ना भूले जानेवाला दिन था। 2 अक्टूबर था। सबकी छुट्टी थी। देर तक सोना, दोपहर तक ब्यूटी ट्रीटमेंट चलते और शाम से मेकअप क्लासेज शुरू हो जाया करती थीं। मैं चाय लेने मेस गयी देखा वहाँ पर मीटिंग चल रही थी। लड़कियाँ सीढ़ियों से लेकर छत तक खड़ी हुई थीं। हम सबने पहली बार हॉस्टल के मालिकों के चेहरे देखे थे। एक कोने में कुक किशन खड़ा हुआ था।

"पुलिस को बुलाओ।" राशी चिल्ला रही थी।

"पुलिस केस बन जाएगा। तुम्हारी (हॉस्टल की) कितनी बदनामी होगी? इसको तो हम अभी नौकरी से निकाल देते हैं।" मालिक लोग मिमिया रहे थे। कुक किशन को देने के लिए पैसे गिने जा रहे थे कि रोशनी दी की एंट्री हो गयी।

"जाने मत देना राशी। ये लोग कुछ नहीं करेंगे। जब तक इनकी माँ-बहन को कोई नहाते हुए नहीं देखेगा। इन पर असर नहीं पड़ेगा। छोड़ना मत कमीने को..."

सहारा मिलने की देर थी कि राशी पर वीर रस सवार हो गया और उसने लात-घूँसों से किशन को धुन डाला।

"अब मारने से क्या होता है? उसने जो देखना था, देख लिया।" किसी 10 प्लस 2 कमेंट का आया।

"बदतमीजो चलो नीचे।" वे चिल्लायीं।

सब एक-दूसरे पर गिरते-पड़ते नीचे भागे।

रात में लेटे-लेटे चाँद देख रही थी। कैसे रोज नयी-नयी कलाएँ दिखाकर लोगों को उलझाए रखता है। नींद आ रही थी सोचा रोशनी दी से बात की जाए।

"रोशनी दी" मैंने हलके सी दस्तक दी।

दरवाजा खुला और मैं सीधे जाकर खिड़की के सामने खड़ी हो गयी। वह उठकर अपने आँसू पोंछने लगी।

"भइया मुझे चैन नहीं लेने देते। कहते हैं कि मैंने ही अपनी माँ को मारा है। मेरी वजह से माँ मरी है। मैं भूलना चाहती हूँ और वह बार-बार मुझे याद दिलाते रहते हैं।" आँसुओं की तरह बातें भी बेलगाम उनके मुँह से निकलती जा रही थीं।

"किसी से कहना मत... प्लीज।" सैलाब थमने पर वह बोली।

(नहीं दी, आपकी अलमारी में मैंने एक बच्चे की तस्वीर देखी थी। जो कभी आपके सिरहाने भी आ जाती है। आज तक किसी को बताया क्या!!!)

"नहीं कहोगी ना..." मुझे सोचते देखकर वह घबरा गयी।

"बिल्कुल नहीं, प्रॉमिस।" मैंने आश्वासन दिया।

टॉपर

•

सुजाता

हाल खचाखच भर गया था। मिसेज शर्मा, मिसेज वर्मा, मिसेज टंडन, जो जल्दी कहीं नहीं जातीं, वे भी आयी थीं। एक तरह से गोकुल कालोनी की सभी महिलाएँ आ ही गयी थीं–मिसेज सिंघानियाँ आप भी! आप से भेंट होगी सोचा भी न था।

–बस आ गयी मिसेज सहाय, साल भर से बेचारी यहीं है, बेटे का जन्मदिन मना रही है, उसे प्रोत्साहन देना चाहिए।

"मिसेज जालान, आपका नाती बिल्कुल अपने पापा पर गया है," मिसेज टंडन ने आँखें दबाते हुए कहा।

"पल्लवी बहुत खूबसूरत लग रही हो, लेकिन ये क्या बेटा, बिल्कुल सफेद कपड़े...इस उम्र में तो चटक रंग अच्छा लगता है। ...अक्षत आया है न?" मिसेज वर्मा को मालूम था अक्षत नहीं आया है।

पल्लवी चुप थी। उसके कपड़े ही सफेद नहीं थे उसका चेहरा भी सफेद हो रहा था। लोगों से हाल भरा था किन्तु एक अजीब तरह का खालीपन महसूस कर रही थी, मिसेज जालान। आदित्य दो वर्ष का हो गया, पहला जन्मदिन मना कर आया था।

"पल्लवी वापस यू एस कब जा रही हो...?"

"बस आंटी अब..."

मिसेज जालान ने अपनी आँखों के कोने पर उँगली रखी। पल्लवी रिटर्निंग टिकट लेकर आयी थी हालाँकि टिकट का पैसा मि. जालान ने ही दिया था। पैंकिंग भी कर ली थी किन्तु वीसा अधिकारी ने मना कर दिया कहा ''आपका वीसा कैंसिल हो गया है।''

"इतनी गुमसुम क्यों हो पल्लवी, अक्षत की याद आ रही है?" मिसेज वर्मा ने कहा।

पल्लवी ने मुस्कुराने की कोशिश की। वह क्या बताती, याद नहीं कर रही, वह

तो हमेशा बनी रहती है। अभी भी सोच रही थी। जब अक्षत ने मना कर दिया था—"पहले आदित्य को भेज दो। वह यू एस बोर्न है, उसके आने के बाद तुम्हारा वीसा जल्दी बन जाएगा।"

किन्तु यू एस से शंकरन का फोन आया—"अक्षत ने जान बूझकर पल्लवी का वीसा कैंसिल करवाया है।" पल्लवी ने कसकर आदित्य को सीने से चिपका लिया।

नीतू का पति शादी के तीसरे ही दिन यू एस चला गया, पन्द्रहवें दिन आ गया नीतू को लेने। पल्लवी भी अक्षत का इन्तजार कर रही थी। हार्वर्ड में एम.बी.ए. में एडमिशन लेकर सीधे इंडिया आएगा किन्तु वह तो शिकागो भी नहीं आया। शिकागो से सैनफ्रांसिस्को अकेले ही जाना पड़ा। अक्षत ने बताया—ममी ने मना कर दिया—फिजूलखर्ची अलग और पल्लवी अकेले आ सकती है या नहीं, पता भी चल जायेगा। पल्लवी की आँखें भर आयीं। पटना से सीधे शिकागो इतना बड़ा एयरपोर्ट। जगमगाती रोशनी उसे स्वर्णमयी बना रही थी किन्तु अकेले कितना घबड़ा गयी थी वह। हाँ सैनफ्रांसिस्को एअरपोर्ट आया था। जब गाड़ी एक छोटे से घर के आगे रुकी तो पल्लवी ने कहा जल्दी अपने घर चलो न........

"घर ...यही तो है अपना घर" अक्षत ने सपाट आवाज में कहा। छोटा-सा घर, बस एक बेडरूम, फर्नीचर भी कबाड़ा। आई.आई.टी. टॉपर का ऐसा घर; पल्लवी चुप रही।

''ममी ने पहले ही कहा था पल्लवी घर देख कर शाक्ड हो जाएगी।'' अक्षत ने होठों को गोल बनाते हुए कहा।

घर में न मसाले थे न ढंग के बर्तन। पल्लवी को हैंगओवर भी हो रहा था। अक्षत लैपटॉप पर चैटिंग कर रहा था। पल्लवी खाना परोस रही थी।

"ऐसा खाना तो रोज खा ही रहा था, आज बीवी के ...आने पर भी यही भोजन...।" पहली बार अक्षत ने चुहलबाजी की। पल्लवी की आँखों में तिनका पड़ गया।

"एम.एस. इंट्रेंस टेस्ट का रिजल्ट आ गया है, एम.एस. में एडमिशन तो हो जाएगा किन्तु टॉप मोस्ट यूनिवर्सिटी में नहीं हो सकेगा। फिर से टेस्ट देने की तैयारी करो, और हाँ फोन पर ज्यादा बातें नहीं"...अक्षत ने कहा।

"मैं कहाँ फोन करती हूँ और फिर मैं तुम्हारी तरह टॉपर नहीं।" पल्लवी ने कहा।

किन्तु ममी जी का फोन आ गया—"फर्स्ट क्लास और थर्ड क्लास का पैसेंजर एक साथ यात्रा नहीं कर सकते, पल्लवी को तुम्हारे साथ चलना है तो मीडियोकर

के पाले से निकलना ही होगा।"

"माँ सब ठीक है किन्तु अक्षत ममाज बॉय ...." पल्लवी की बातें पूरी कहाँ हो पायी थीं?

चटाक....थप्पड़ की आवाज गूँज गयी। पल्लवी के हाथ से छूटकर रिसीवर दूर जा गिरा। पल्लवी अवाक् रह गयी किन्तु उस समय भी यही सोच रही थी कि सात समन्दर पार मम्मी तक इस थप्पड़ की आवाज किसी तरह न पहुँचे। छोड़कर रिसीवर उठाया पर फोन डिस्कनेक्ट हो चुका था।

पल्लवी की उलटी तेज हो गयी। अक्षत हिसाब लगा रहा था, किसकी मम्मी आएगी? पल्लवी की आएगी तो पैसे बचेंगे किन्तु अक्षत की ही मम्मी आयी क्योंकि उन्हें पता था पल्लवी की माँ डाइन है।

पल्लवी मिसेज शर्मा की ओर देख रही थी किन्तु उसकी दृष्टि कहीं दूर टिकी थी। "सोफे ने कमर तोड़ दी, बिल्कुल कबाड़ा है, अमेरिका के सोफे का क्या कहना ...क्यों पल्लवी...?" मिसेज शर्मा हाल ही में यू एस से लौटी हैं।

पल्लवी मुस्कुराई। यू.एस. का सोफा.......। मम्मीजी ने आते ही कहा था फर्नीचर इतना गन्दा क्यों रखा है?

"मम्मी सोफा कबाड़ा है ही, कबाड़ियों से खरीदा है।"

मम्मी जी की भौंहें तनीं–"सोचा था ससुराल वाले फर्नीचर से घर भर देंगे किन्तु क्या पता था कंगलों से भेंट होगी।"

"पापा ने पैसा दिया है। अक्षत ने खरीदा नहीं, कहा है–नये घर में लेगा।"

मम्मी जी चिल्लाईं–"अक्षत! तुम नया घर ले रहे हो...। निश्चिन्त हो गये कि तुम लोगों में तलाक नहीं होगा...। भारत नहीं है ......तलाक होगा तो घर इसका .....फिर रहना....सड़क पर।"

इतना बड़ा डर! घर खरीदने का सवाल कहाँ था।

"सो स्वीट ! कितना क्यूट है, बिल्कुल पल्लवी मौसी की तरह।" नेहा ने चहकते हुए कहा। आदित्य पल्लवी की गोद में छुप गया। बेचारा आदित्य...भगवान ने ही रक्षा की। पल्लवी ने उसे सीने से लगाते हुए सोचा।

यू एस आते ही मम्मी जी ने अक्षत को डाँटा–"कैसे प्रिग्नेंट हो गयी? प्रिकाशन नहीं लिया था?"

"लिया था मम्मी किन्तु...."

"सब समझती हूँ बेटा, पचहत्तर हाथ की आँत है इसकी। जान बूझकर किया होगा। अपनी स्थिति मजबूत की है।"

"इधर आ बेटा नानी के पास, मेरा प्यारा गोलू!" मिसेज जालान ने पल्लवी की गोद से नाती को अपनी गोदी में उठा लिया। माँ की गोद में आदित्य कितना प्यारा लग रहा है।

अक्षत चिल्ला रहा था—नहीं, आदित्य पटना नहीं जाएगा। तुम अकेले जाओ। मम्मी ठीक कहती है। आदित्य के ऊपर तुम्हारी माँ की परछाईं भी नहीं पड़नी चाहिए। डाइन सही में होती है।

पल्लवी की आँखें सूज गयीं। मेरे कलेजे का टुकड़ा... । आई.आई.टी. टॉपर...इतना अन्धविश्वासी, इतना दकियानूस, कोई दूसरा बताता तो पल्लवी विश्वास भी नहीं करती।

तुम तो क्षेत्र हो.....फसल तो क्षेत्रज्ञ का होता है, पौराणिक भाषा में मम्मी जी की आवाज फोन पर गूँज रही थी।

अक्षत लैपटॉप पर था। ऑफिस का काफी काम था। विलियम्स भी हेल्प कर रहा था। बेडरूम में काम हो रहा था। पल्लवी की आँखें आदित्य को सुलाते-सुलाते लॉबी में ही लग गयीं। आँखें खुलीं तो काँप गयीं, बेडरूम में अक्षत और विलियम्स...

"दिमाग में गन्दगी भरी है। घटिया औरत... ।" सिर पकड़कर दीवाल पर पटक दिया।

"ये क्या किया ....सिर से खून निकल रहा है। पुलिस अब तुम्हें एरेस्ट कर लेगी... ।" विलियम्स चिल्लाया।

अक्षत पलटी खाया। आदित्य को लेकर पटना जा सकती हो, दो शर्तें हैं—मम्मी से तुम्हारी माँ को माफी माँगनी होगी और तुम्हारे पढ़ने का खर्च तुम्हारे पेरेंट्स दें। अक्षत डरा किन्तु मक्कारी नहीं छोड़ी।

पुलिस नहीं आयी। माँ माफी माँगने को तैयार थी—बेटी की माँ हूँ इससे बड़ी गलती क्या हो सकती है। मेरी बच्ची है तो मैं पढ़ाऊँगा ही—पापा तैयार।

जब दिल्ली एअरपोर्ट पर टूटी हुई सैंडिल और क्षीणकाया में अपने कलेजे के टुकड़े को देखा तो मि. जालान फफक पड़े। गोलमटोल आदित्य को देख आँसू भरी आँखें मुस्कुरा उठी थीं।

"पार्टी बहुत अच्छी रही। बहुत अच्छा लगा। ठीक है बेटा......जाने के पहले जरूर आना।" मिसेज टंडन ने कहा।

जरूर ....पल्लवी ने मुस्कुराने की कोशिश की।

यह सही है, दम घुटता था वहाँ। दो-दो बार हाथ भी उठाया, किन्तु जिन्दगी से यूँ निकाल देगा, सोचा भी न था। किसी से अफेयर भी नहीं था। अफेयर हो भी

नहीं सकता था। दब्बू...प्रपोज कर ही नहीं सकता और न किसी से निभा ही सकता है। एक फिलिपिनो से मिलाया था। एकमात्र मित्र। छह लाख रुपये उसके एकाउंट में भी उसने दिये थे कि इसकी मदर को कैंसर है...।

अक्षत किसी की मदद करे असम्भव। अचानक पल्लवी उठी, नेट कनेक्ट किया। फिलिपिनो का साइट खुल गया....वेलकम फॉर फ्री सेक्स।

विलियम्स या फिलिपिनो, या टॉपर का दोनों से...पल्लवी ने सिर थाम लिया।

धुन्ध

•

ममता सिंह

शिप्रा रात भर सो नहीं पायी थी, आँखों के सामने पार्टी की तैयारियों के दृश्य घूम रहे थे। निकली तो समय पर, लेकिन रिसॉर्ट पहुँचने में दो घण्टे लग गये। खूबसूरत सन-बीम रिसॉर्ट। मौसम भी आज ठण्डा है। सोच रही है शिप्रा–आज तैयारियों में कोई कमी ना रह जाए। अम्मा-बाऊजी की शादी की पैंतीसवीं सालगिरह है। अनय चाहते हैं कि इस बार सबके साथ जी-भर मौज-मस्ती की जाए। पाँच बरस बाद ये मुम्बई आ रहे हैं। चुमकी के पैदा होने पर आये थे।

चुमकी की 'बरही' के दिन जब घर पर छोटा-सा 'गेट-टुगेदर' रखा था, तो दीपा कैसे नाक-भौं सिकोड़ रही थी। देर से आयी और हमेशा की तरह नसीहतों की पोटली लायी थी। 'भाभी, घर पर खाना क्यों बनवाया। किसी पॉश रेस्त्रां से मँगवा लेतीं। आजकल तो सब 'मैक्डोनाल्ड' की चीजें पसन्द करते हैं'। दीपा सामान्य बातचीत में भी बड़े प्यार से चुभने वाली बात कह देती। हमेशा दिखाती कि वह बड़े घर की है। बड़े ओहदे पर है। कई बार तो अनय से भी बहस कर बैठी। उस पर तुर्रा ये कि उनसे बातचीत भी बन्द कर दी। जबकि घर में बड़े बेटे की हैसियत से अम्मा-बाऊजी तक उन्हें बहुत सम्मान देते हैं। वेस्टर्न कल्चर को अपनाना बड़प्पन समझती है। अद्वैत जिन्हें घर में सभी प्यार से 'आदि' कहते हैं, उन्हें भी अपने कल्चर में ढाल लिया है। चार भाई-बहनों का सुखद परिवार है। दो भाई और एक बहन की शादी हो चुकी है। तीनों के एक-एक बच्चे हैं। छोटा भाई अनुज कुँवारा है। दीपा मजाक में अकसर कहती, "अनुज के लिए मैं भाभी जैसी नहीं, अपने जैसी दुल्हन लाऊँगी।" अम्माँ तपाक से कहती हैं,–"दोनों भाई अपनी पसन्द की बीवी लाये हैं, तो ये भी ले आएगा।"

"कोई भी ढूँढ़े दुल्हन, खाना वह अच्छा बनाती हो। अनुज खाने के कितने शौकीन हैं, मीठा तो अच्छा बनाती ही हो। फिर तो तीज-त्योहार पर हम दोनों बहुएँ

आराम से बैठके बतियाएँगे और अनुज की बीवी खाना सर्व करेगी। भई हम तो इस घर की बड़ी बहू हैं......क्यों अम्माँ?"

"अरे भाभी, खाना बनाने की क्या जरूरत है, कुक रहेगा, वह बनायेगा ना।"

"दीपा, जब कुक छुट्टी पर जाएगा, तो खाने की भी छुट्टी हो जाएगी क्या।"

"अरे भई, बड़े-बड़े रेस्त्रां किसलिए हैं, चलकर वहीं खा लेंगे सब लोग।"

बाऊजी किसी की बातचीत सुने बिना ही अपना वक्तव्य दे देते हैं—"हमारे पिताजी पाँच भाई थे। इकट्ठे रहते थे। कभी अलग चूल्हा नहीं जला। तुम लोग चार भाई-बहन हो, मिलकर रहो तो सबका जीवन सुखद बना रहेगा।" बाऊजी बातूनी हैं, अम्माँ बातों की बड़ी कंजूस। कई बार सिर हिलाकर इशारों में काम चला लेती हैं। बच्चों की चिन्ता वह बहुत करती हैं। लेकिन दिखाती ऐसे हैं जैसे किसी से कोई मतलब ही नहीं है।

शिप्रा ने घड़ी देखी, वेटर को बुलाया, शाम का मीनू समझाया और ताकीद की कि कहीं कोई कमी ना रह जाए। सजावट के लिए दूसरा वेटर आया। बड़ी-सी टेबल लगवाकर फूलों से लिखवाया—'हैपी वेडिंग एनीवर्सरी'। फुर्सत होकर अनय को फोन लगाया...

"हाँ हम लोग जरा लेट हो गये हैं, अब महालक्ष्मी मन्दिर पहुँच रहे हैं। रिसॉर्ट पहुँचते तो शाम हो जाएगी।"

लम्बी कतार के बाद महालक्ष्मी मन्दिर में सबने दर्शन किये। सबको बड़ी भूख लगी थी। बच्चों की इच्छा थी कि कुछ फास्ट-फूड मिल जाए तो मजा आ जाए।

अनय ने इसके उलट अपना फरमान जारी किया—"ये कोई जगह है खाने-पीने की। यहाँ ठेले की चाट के सिवा कुछ नहीं मिलेगा। हाइजीन के बारे में तो सोचो।" बाऊजी ने इसका समर्थन किया। बच्चे कुनमुनाने लगे। अनय गाड़ी में बैठे और चलने का इशारा किया। आदि ने अपनी गाड़ी स्टार्ट की। अम्माँ-बाऊजी अनय के साथ और बाकी पूरा कुनबा आदि की गाड़ी में सवार हुआ...गाड़ी चलते ही बाऊजी की चिन्ता शुरू—"बेटा देखना जरा, आदि आ रहा है कि न। उससे बोलो, साथ-साथ चले।" अनय ने मैसेज कर दिया। आदि का जवाब भी आ गया—'ओके'। तीनों बच्चों को वेफर्स पकड़ा दिये गये। लेकिन रिया और दीपा का गुस्सा सातवें आसमान पर पहुँच गया। दीपा को 'हाजी-अली जूस सेंटर' पर फालूदा खाना था और रिया को भेलपूरी। ताकि वह लखनऊ में फ्रेंड्स और पड़ोसियों के बीच मुम्बइया भेलपूरी के गुण गा सके। आदि और ओम को भी भूख लग आयी थी। सोचा कुछ बर्गर या वड़ा-पाव मिल जाए तो मजा आ जाए। दीपा ने खाने के कई अड्डे बताये। लेकिन

आदि ने ये कहकर टाल दिया, "भैया आगे कहीं गाड़ी रोकेंगे। वो इस इलाके के बारे में ज्यादा जानते हैं।"

"तुम तो ऐसे भैया-भैया कर रहे हो, जैसे तुम्हें कुछ पता ही नहीं।" बस भैया उँगली पकड़ाकर मुम्बई-दर्शन करा रहे हैं। उन्हें भूख-प्यास न लगे तो क्या हम भी भूखे-प्यासे रहें। रिया दी और ओम जीजू का भी तो कुछ ख़याल रखना है या हर बात भैया की ही मानी जाएगी। ये मेहमान हैं। भैया से कहो, हम 'एट्रिया' मॉल में रुकेंगे, लंच लेंगे, शॉपिंग करेंगे। इस तरह मन मारकर घूमने से क्या फायदा।"

बहुत देर से चुप बैठा अनुज गाने लगा—'मैं क्या जानूँ क्या जादू है, इन दो मतवाले नैनों में'। दीपा-रिया एक साथ बोल पड़ीं—"अरे भैया की काया प्रवेश कर गयी है क्या अनुज में।" आदि ने सिग्नल पर गाड़ी रोकते हुए कहा..."सचमुच कमाल के हैं भैया भी...आज भी वो सहगल के गाने पसन्द करते हैं। पुराने जमाने की फिल्में बड़े धीरज से देखते हैं। वैसे दीपा, यू नो....बचपन में मैं और भैया साथ-साथ ये सैड-सॉन्ग, और फिल्में देखते थे और खूब दर्द भरी कविताएँ लिखते थे। लेकिन बाद में मैं इंजीनियरिंग में आ गया और मेरी थिंकिंग बदल गयी" हँसते हुए "और तुमसे मिलने के बाद तो डार्लिंग मैं पूरा बदल गया।" गाड़ी में ठहाका गूँजा..."और शादी के बाद रिया के रंग रंगा रे मैं"।....ओम के इस जुमले से फिर हँसी का झरना फूट पड़ा।

"अनुज आप मत बदलना, वरना अम्मा कहेंगी, तीनों बेटे जोरू के गुलाम हो गये।" ये दीपा का स्वर था।

"लेकिन भैया बदले कहाँ, वो तो वैसे ही गुस्सैल, जिद्दी और पुरातन-पन्थी हैं।"

"हाँ तो भाभी कौन-सी मॉडर्न हैं, वो भी तो जैसे सीता-मैया....ही ही ही।"

"लेकिन समझ नहीं आता भैया की प्रॉब्लम क्या है, हमेशा बड़प्पन क्यों दिखाते हैं, भाभी, चुमकी और अपनी शोहरत से आगे कोई बात नहीं करते।" अचानक आदि को ख़याल आया कि चुमकी बैठी सब सुन रही है। सिग्नल आ चुका था, उसने पीछे सीट पर बैठी दीपा को मैसेज किया—'चुमकी हमारी बातें सुन रही है, भैया को बतायेगी, उन्हें बुरा लगेगा।'

शिप्रा ने रिसॉर्ट के रूम का पर्दा सरका दिया है। उमस भरी दोपहर में भी हवा ठण्डी है। खिड़की के कोने से रिसॉर्ट का वॉटर पार्क और राइड्स दिखायी पड़ रहे हैं। मुम्बई का मौसम बार-बार शिप्रा को इलाहाबाद की गलियों में ले जा रहा है, जहाँ सड़क के किनारे दुकानें होती थीं। रीटा आइसक्रीम। लाल कपड़े से ढँका बड़ा-सा मटका ठेले पर लादे जलजीरा वाला.....जामुन बेचने वाले की बांग 'काली है कल्लो है, जमुनिया है'। ऐसे सुरीले अन्दाज में वह जामुन बेचता कि ना चाहते हुए भी

हम खरीदने को आतुर हो उठते। अनय के साथ गर्मी के दिनों में स्कूटर पर पीछे बैठकर खूब खायी हैं ऐसी जामुनें। एक हाथ से सिर का पल्लू पकड़े उसी से थोड़ा आड़ करके...कहीं कोई जान-पहचान का ना देख ले। लेकिन पता नहीं कैसे ये बात अम्माँ-बाऊजी तक पहुँच जाती। उन दिनों बहुओं का इस तरह खड़े होकर खाना-पीना बड़ा अशोभनीय माना जाता था। बाऊजी तो कुछ नहीं बोलते पर अम्माँ तो आसमान सिर पर उठा लेतीं। उन्हें तो जैसे 'लव-मैरिज-बहू' को कोसने का मौका मिल जाता—'नयी बहू की इतनी लम्बी जीभ। लानत है।'

शिप्रा को लेकर अम्माँ के मन में एक गाँठ थी। उन्हें लगता शिप्रा ने उनके बेटे को छीन लिया है। कोई जादू-टोना किया, चुरा लिया अनय को। वरना ऐसा श्रवण कुमार जैसा लड़का प्रेम-जाल में फँसता? हालाँकि अम्माँ के बहू लायक सब गुण थे शिप्रा में।

"अब तो आदि ने भी खोज ली है अपनी दुल्हन। वो तो दुल्हन जैसी है ही नहीं। सिर पर पल्लू तक नहीं लेती। मिलने आयी थी घाघरा-टीशर्ट पहनकर।"

"घाघरा-टीशर्ट?"

"अरे वही सानिया मिर्जा वाला।"

शिप्रा हँसी को दबाती हुई बोली—"सानिया मिर्जा, ओह स्कर्ट-टॉप। अम्माँ हम दीपा से मिल चुके हैं।"

अम्माँ के भीतर पता नहीं कितनी पीड़ा थी कि ऐसे में उनके आँसू थमते ही नहीं थे। लेकिन अनय के सामने आते ही एकदम संयत। जैसे कुछ हुआ ही नहीं। बस ये कहतीं—"जो हुआ सो हुआ पर हमेशा माँ-बाप का ख़याल रखना।"...शायद ऐसा किसी असुरक्षा के तहत कहती थीं। वह मानती थीं कि आदि बड़ा जिद्दी है। ब्याह के बाद अपनी बीवी के सिवा किसी का नहीं होगा।

इनसान का कोई कितना भी आकलन कर ले, पूरी तरह किसी को नहीं समझा जा सकता। इनसान को बदलते देर नहीं लगती। वक्त ने कुछ ऐसी करवट ली कि अम्माँ भी बहुत बदल गयीं। आदि के ब्याह के बाद अम्माँ काफी मॉडर्न हो गयीं। बोल-चाल, खान-पान और पहनावे में भी। जो अम्माँ दीपा की शिकायत करते नहीं थकती थीं, वही अब दीपा से सखी की तरह बतियातीं। उनकी जबान पर हर वक्त 'आदि की दुल्हन' रहता था। दीपा ना कभी सिर पर पल्लू लेती थी, ना पैर दबाती, ना सबके जूठे बर्तन उठाती, ना बड़ों के आने पर तहजीब से खड़ी होती। फिर भी अम्माँ उसे कभी ना टोकतीं। लेकिन अगर यही शिप्रा कर दे, तो वह तपाक से बोल पड़तीं—"बड़े घर के संस्कार अलग होते हैं। गरीब घरों के

रहन-सहन भी गरीब ही होते हैं।"

दीपा के विवाह के बाद घर की परिस्थितियाँ काफी बदल गयीं। चुपचाप रहने वाली रिया चुहलबाज हो गयी थी। 'भाभी-भाभी' कहकर हमेशा दीपा के साथ चिपकी रहती। रिशू की मामी, ये खिलौने चाहिए, वो खिलौने चाहिए की रट लगाये रहता। जब सारे लोग इकट्ठे होते तो लगता कि शिप्रा और अनय पराये हैं, और बाकी सब एक हैं। शिप्रा सोचती, आखिर कौन-सी चूक हुई है, जो ये लोग अजनबियों जैसा बर्ताव करते हैं। यहाँ तक कि अनय से भी। दरअसल रिश्तों के जोड़-घटाव में दीपा काफी माहिर है। किससे कितना, कब-कहाँ-क्या बोलना है, किसे कितना सम्मान देना है, किसे नहीं, इसका मैनेजमेंट वह खूब कर लेती है। इसलिए सबको खुश कर लेती है। इसके विपरीत शिप्रा कभी दिखावा नहीं करती। जिसे जो समझना है, समझे...वाला हिसाब रखती है। और बड़ी सहजता से हर बात-हर किसी के सामने कहने की बेवकूफी करती रहती है।

पिछली दफा जब इलाहाबाद गये थे, तो तीनों भाई कहीं घूमने गये थे। घर में अम्माँ और दीपा थीं। गर्मी बहुत थी, नहाने जाते हुए शिप्रा ने अम्माँ से कहा, ''जरा अम्मा चुमकी को देखना। मैं आयी।'' पाँच मिनिट बाद चुमकी के रोने की आवाज आने लगी। शिप्रा ने सोचा कि शायद चुमकी जिद कर रही होगी। नल बन्द करके टोह लेने की कोशिश की, पर कुछ समझ नहीं आया। बाहर आयी तो देखा बेडरूम के दरवाजे को पकड़कर चुमकी जोर-जोर से रो रही है। कमरे में अँधेरा छाया है, हॉल से हलकी रोशनी आ रही थी। बगल वाले कमरे का दरवाजा बन्द है। शिप्रा घबराई हुई जोर से बोली—अरे चुमकी क्या हुआ। और उसे गोद में उठा लिया। चुमकी कस के लिपट गयी और रोने का स्वर ऊँचा हो गया। घबराकर शिप्रा ने पूछा— "अरे दादी और चाची कहाँ हैं बेटा।" डेढ़ साल की चुमकी भला क्या जवाब देती।..."अरे कहाँ गये ये लोग"? घबराकर बगल वाले कमरे का दरवाजा ठेला तो देखा अन्दर अम्माँ और दीपा की खुसुर-पुसुर चल रही थी। हाथ में कपड़ों के कुछ पैकेट थे। लेन-देन का विमर्श जारी था।

"अरे चुमकी यहाँ अकेली रो रही थी, आप लोगों ने देखा नहीं।"

"अभी तो हम लोग आये हैं। तब खेल रही थीं।"

शिप्रा की आँखें गीली हो गयीं। चुपचाप बाहर आ गयी। चुमकी को दुलारती हुई ले गयी।

शिप्रा विचारों के बियाबान में भटक रही थी। बेल बजी और तन्द्रा टूटी। वेटर खाना लिए खड़ा था। खाने के साथ देखा, बिल्कुल देसी किस्म का अचार और पापड़

भी था। शिप्रा मुस्कुरा पड़ी। चुमकी पैदा होने वाली थी, तो उसे अचार खाने की कितनी तीव्र इच्छा होती थी। इस बार अम्माँ अचार लायीं तो दीपा के घर। अचार, सत्तू, बादाम के लड्डू...सब दीपा के घर आये। हमारे यहाँ सिर्फ बाजार की मिठाई आयी। आदि के घर खाने पर गये थे तो अचार देखकर शिप्रा ने कहा, "अरे वाह ये तो इलाहाबाद वाला अचार है। अम्माँ के हाथ की भरवां मिर्चे की बात ही निराली है।" पिछली बार जब हम लोग इलाहाबाद से लौटे थे तो चुमकी ने घी-नमक-रोटी खाना ही छोड़ दिया था, कहती थी—"मुझे दादी वाला घी ही चाहिए रोटी में। यहाँ के घी में बदबू है।"

अचानक फोन बजा, अनय को शिप्रा ने बताया, "बस केक छोड़कर पूरी तैयारियाँ हो चुकी हैं।"

"हम बस गेटवे से निकल रहे हैं।"

बहुत देर से अनय को आदि की गाड़ी नहीं दिखी। बाऊजी फिर परेशान—"कहाँ रह गये सब। फोन तो लगाओ।" आज्ञाकारी बेटे की तरह अनय ने फोन लगाया तो पता चला कि वो लोग क्रॉफर्ड मार्केट की तरफ चले गये हैं। रिया को पर्स खरीदना था।

"अरे भई धारावी में लेदर-मार्केट है, अच्छे पर्स मिलते हैं। बताया तो होता।"

मोबाइल का स्पीकर ऑन था। पीछे से दीपा की आवाज आयी—"हमें एलीट पर्स लेना था, धारावी वाला नहीं।" अनय को जैसे किसी ने जोरदार तमाचा मार दिया हो। कब उनकी उँगली डिस्कनेक्ट बटन पर गयी, उन्हें पता नहीं चला। थोड़ी देर बाद दोनों गाड़ियाँ इकट्ठी हुईं और इस बार साथ चलने लगीं। एक सिग्नल पार हुआ कि अचानक आदि की गाड़ी दिखनी बन्द हो गयी। बाऊजी फिर परेशान.... "कहाँ रह गये.....?"

इस बार पता चला वह लोग पेट्रोल भराने रुके हैं। अनय ने सवालों की झड़ी लगा दी।

"इस इलाके में कौन सा पेट्रोल पम्प है"

"अरे वो है ना... वहाँ, लेफ्ट में। लोहा-बाजार की तरफ।"

अनय ने गाड़ी फिर रोकी। इस बार चुमकी और रिशू बोल पड़े।

"दादाजी चलिए ना। गाड़ी रुकती है तो मजा नहीं आता।"

रिशू घर की हर बात सबके सामने बाल-सुलभ तरीके से कहने में माहिर है। सो उसने 'रनिंग कमेंट्री' शुरू कर दी। "पता है, मम्मी को चाट या भेल-पूरी खानी होगी। कह रही थीं कि कहीं रुककर खा लेंगी। बड़े मामा को बतायेंगे ना तो वो

नाराज होंगे। मामी ने भी यही बोला था। पापा मामी को ट्रीट देने वाले थे। वो लोग पक्का कहीं पर रुककर कुछ खा रहे होंगे।"

अनय के सामने चित्र स्पष्ट हो चुका था। बाऊजी जान-बूझकर अनजान बन रहे थे। सफाई दे रहे थे "ऐसा नहीं है बेटा, उन्हें सचमुच पेट्रोल भराना होगा। परिवार को एकसूत्र में बाँधे रखने के लिए छोटी-मोटी बातें नजरअन्दाज करनी चाहिए।"

"हुँह, ये हिदायत सिर्फ मुझे दी जानी चाहिए। दूसरे भाई-बहन को भी तो सोचना चाहिए। साथ में अम्माँ बैठी हैं, कम से कम उन्हें तो कहना चाहिए ना कि अनय को भी साथ ले लो।" अनय ने स्टीयरिंग से हाथ हटाया, चश्मा उतारा। हथेलियों से आँखों को पोंछते हुए जैसे रिश्तों पर जमी हुई धूल को साफ करने की कोशिश की। लेकिन गर्द की परत इतनी मोटी होती जा रही है कि उसे वक्त रहते साफ ना किया तो रिश्तों में ऐसी गाँठ पड़ेगी जिसे कभी ठीक नहीं किया जा सकेगा।

काफी इन्तजार के बाद आदि का फोन आया—"भैया सन्मान रेस्टोरेंट में आ जाइए। वो क्या है ना..."

"लेकिन हम तो रिसॉर्ट चल रहे हैं ना।"

"हाँ भैया पता है लेकिन...."

तब तक फोन कट चुका था।

अनय, बाऊजी, अनुज, चुमकी और रिशू गाड़ी से उतरे। बड़ा सा रेस्टोरेंट। ऊपर की ओर जाएँ तो बड़ा-सा ए.सी. हॉल। अम्माँ, दीपा और रिया हँसी-ठिठोली कर रही हैं। ओम और आदि पैसेज में खड़े बाऊजी ग्रुप का इन्तजार कर रहे हैं। टेबल पर तीन मंजिला केक सजा है। वेटर ऑर्डर की ताक में है। अनय आश्चर्यचकित, अरे ये क्या?

"भैया इत्ती शाम हो गयी है। अम्माँ-बाऊजी की एनिवर्सरी यहीं सेलिब्रेट कर लेते हैं। फिर जहाँ आप बोलें, चलेंगे। बच्चों को भूख भी लगी है। और सिमू तो अड़ ही गयी थी केक के लिए।"

अनय सन्न रह गया.... "जो सरप्राइज मैंने प्लान किया है वहाँ भी यही सब है। वहाँ कोई रिसॉर्ट की धूल थोड़ी फाँकनी है। शिप्रा ने बाकायदा पार्टी अरेंज की है। सारी बुकिंग और सजावट हो चुकी है। सुबह से वहाँ पहुँचकर तैयारियाँ करवा रही है।"

"ओह! तो आपने पहले क्यों नहीं बताया। हमें लगा कि हम यूँ ही तफरीह करने जा रहे हैं"...दीपा बोली।

"मैंने सोचा था, अम्माँ-बाऊजी को सरप्राइज दूँगा। और तुम लोग जगह-जगह

रुक कर टाइम बेकार कर रहे हो। इसलिए मैं मना कर रहा था।"

"लेकिन भैया यहाँ तो डील हो चुकी है। ये देखिए केक......बैलून....गिफ्ट ...सब तैयार है। आप भाभी से बोल दीजिए ना, अपनी पार्टी कल के लिए पोस्टपोन कर दें।"

अनय को जैसे फिर जोरदार थप्पड़ मारा हो किसी ने। तेज घुटन होने लगी। आँखों के सामने अँधेरा छाने लगा। लगा बस चक्कर खाकर गिर ही जाएँगे। छोटे भाई की पत्नी, पूरे घर की संचालक। छोटा भाई अब प्रतिद्वन्द्वी बन गया है। रिश्तों में इतनी प्रतिस्पर्धा। उफ......। कमाल की बात तो ये कि आदि मूकदर्शक बना खड़ा है। सारे सदस्य पत्थर बन गये हैं। दिखावे की चकाचौंध ने आँखों के आगे पर्दा डाल दिया है। चोटिल अनय की ओर से किसी को सोचने की जरूरत महसूस नहीं हो रही है।

बाऊजी को जैसे अचानक बड़ा अच्छा उपाय सूझा। "एक काम करते हैं। बेटा अब लेट तो हो ही गये हैं। शिप्रा को भी यहीं बुला लो। वहाँ की पार्टी कैंसल कर लो। पूरा परिवार एक साथ डिनर कर लेगा।"

"लेकिन बाऊजी शिप्रा हर्ट होगी। उसने बड़े मन से योजना बनाई है। बेसब्री से इन्तजार कर रही है।"

"वो क्या है, आदि की तड़के बैंगलोर की फ्लाइट है। इतनी दूर कहाँ परेशान होंगे। बच्चे भी थक गये हैं।"

अनय के हाथ ठंडे, चेहरा बर्फ हो गया है। अपना चश्मा उतारा। नम आँखों को हाथों से पोंछने की कोशिश की। पर धुँधलापन कायम रहा। आज रिश्तों पर जमी धुन्ध इतनी गहरी हो गयी है कि अब उसे साफ करना उनके बस का नहीं। मानो वो अरब सागर के बीच किसी निर्जन टापू पर हैं। जहाँ चारों ओर बस शून्य है। गालों पर ढुलक आये आँसुओं को अनय ने हथेली पर रोप लिया, उन बूँदों में शिप्रा का प्रश्नवाचक चेहरा झिलमिला रहा है।

भैंगापन

•

अपर्णा मनोज

मैं देर रात तक स्केच बनाता रहा। यह एक स्त्री का स्केच था। मेरी पेंसिल रह-रहकर उसके बालों में उलझ जाती और कई घुँघराली लटें जन्म लेतीं। झकोरे लेती नदी की धार की तरह लट माथे से कन्धों पर बिखर जाती और उसमें असंख्य तारे मोगरे के फूलों की तरह झड़ते। अपने अधूरे स्केच को मुग्ध भाव से देखता रहा। उसकी काली बरौनियों के पास एक तितली मँडरा रही थी। भौंहें नुकीली होकर ऐन माथे के बीच मिल गयी थीं। उसके दोनों हाथ सीने पर थे। बायें हाथ पर दायीं हथेली चिपकी हुई थी। होठों पर हलका-सा कम्प था। नाक की पतली झिल्ली पर नोज़ रिंग कसी हुई थी। उसके शरीर पर कपड़े नहीं थे, लेकिन झूलते बालों ने उसके तन को ढाँप रखा था। मेरी पेंसिल नाभि तक आयी और रुक गयी। केवल बस्ट। हाँ, यहीं तक वह स्त्री पूरी हो रही थी। अगर कुछ छूट गया था तो वे थीं उसकी आँखें...

मैंने उठकर बत्ती बुझा दी और पैर पसारकर आराम कुर्सी पर लेट गया। पेंसिल का स्पर्श मुझे कौतूहल में डाल रहा था। पेंसिल का आखिरी सिरा बार-बार मैं अपने होठों पर फेरता। हलका-सा दाँत उसमें गड़ाता और सोचता कि हजारों स्केच तैयार करने वाली यह पेंसिल इस बार कहाँ और कैसे कमज़ोर पड़ रही है। मेरी उँगलियाँ पेंसिल पर कस गयीं। मैं उसकी आँखों पर सोचने लगा। मैं उन्हें नहीं बना पा रहा हूँ। पिछले तीन दिन से इन आँखों में उलझा हूँ। मेरी किरदार रोज़ मेरे सामने सुबह से रात यहीं बेंत के मूढ़े पर बैठी रहती है। तीन दिन से वह उन्हीं कपड़ों में है। एकदम तन से चिपका स्किन कलर का काउल नैक टॉप और फूलों वाला रंगीन घाघरा, जिसमें गुलाबी रंग प्रधान है। वह मूढ़ा खींच बैठ जाती है। मैं उसे बनाता हूँ वह असन्तोष से कहती है "नहीं, नहीं...मेरी आँखें ऐसी नहीं हैं। बिल्कुल ऐसी नहीं हैं। तुम नहीं बना पा रहे।" वह उठकर कमरे के परदे हटा देती है। बाहर की मर्करी लाइट तेज़ी से मेरी आँखों में घुस जाती है। फिर कमरे में लगे आईने के सामने

वह खड़ी हो जाती है, एकदम बेपरवाह। अपनी आँखों के चारों तरफ उँगलियाँ फेरती ...बुदबुदा रही है। कमरे में अस्फुट स्वर गोल-गोल घूमते हैं। "देखो, हलकी नीली आँखें हैं मेरी। छोटी-छोटी, थोड़ा भैंगापन लिए...लेकिन फिर भी खूबसूरत हैं... तुम नहीं बना सकोगे इन्हें। मैं कोई पेंटर नहीं लेकिन थोड़ी बहुत जानकारी रखती हूँ। विंसी ने उदास जेनेर्वा बनायी। उसने सिसिलिया बनायी—हसरतों से भरी औरत; लुक्रेज़ा की आँखें सुख के आतंक से भरी थीं और मोनालिसा ... उसकी आँखें दूर तक देखती हुई पर फिर भी उनके देखने में जैसे किसी तरह की दूरी का कोई भाव नहीं, पलकें एक बोझ से झुकी हुई... जैसे शब्द उसकी आँखों के भीतर प्रपात की तरह गिर रहे हों... केवल अपनी आवाज़ सुनने को बाध्य, सुनो, क्या वह इन चारों का प्रेमी था?"

"नहीं, प्रेमी क्यों भला? वे उसकी सब्जेक्ट थीं...बस," कहकर मैंने कमरे के मोटे कॉटन के परदे खींच दिए। पैलमेट के ठीक ऊपर लट्टू जल रहा था, उसकी हलकी पीली रोशनी पर्दों में ऐसे लिपट रही थी जैसे नदी में भँवर उसके गालों के गड्ढों से लिपटा जाता है। इसी प्रकाश में मैंने अपनी सब्जेक्ट को देखा...क्या नाम है उसका...हाँ, तिलोत्तमा। उसके बारे में मैं कितना जानता हूँ... यही कि यह लड़की मॉडलिंग करती है। बेतकल्लुफ लड़की है। इसकी उम्र सीबो जितनी होगी, यहीं कहीं उन्नीस-बीस के आस-पास। बोलती बहुत है। मुझे कई बार बीच में चुप रहने का इशारा करना पड़ता है, तब वह खिलखिलाकर हँस देती है। मैं ऑकवर्ड फील करता हूँ वह जान जाती है और सॉरी बोलकर ठीक से बैठ जाती है। मैं उसकी तरफ देखता हूँ। उसका काउल नैक नीचे की तरफ लटका है। मैं इग्नोर करने की कोशिश कर रहा हूँ। उसकी गोद में एक किताब है। वह पेज पलटती है। उँगलियाँ पंक्तियों पर फेरते हुए फुसफुसा रही है—"मैं भूखा था, उसने मुझे खाने के लिए मांस दिया। मैं प्यास से बदहाल था, उसने मेरे हाथों में मदिरा थमा दी। मैं एक अजनबी ही तो था, वह मुझे थामकर भीतर ले आया...मार्टिन जान गया कि उसका स्वप्न सच हो गया था और उसका मुक्तिदाता चलकर उसके पास आया था; इसलिए उसने उसका भरपूर स्वागत किया..." फिर उसकी ठुनकती हुई हँसी कमरे में भर गयी। मैं बिजुका बना उसकी शक्ल देखता रहा। यह पूछने का साहस भी न हुआ कि किस किताब से वह पढ़कर सुना रही थी और क्यों सुना रही थी। वही बोली, "तुमसे नहीं होगा। रहने दो...जाओ घर जा सोये रहो...वैसे कितने डॉलर में निकल जाता है तुम्हारा एक स्केच?" उसकी बात अनसुनी करते हुए उपेक्षा से मैं आरामकुर्सी में झूलता रहा। उसने भी उत्तर की कौन प्रतीक्षा की।

मैंने काँच की अलमारी से शार्डोने की बोतल निकाली। कट गिलास में

आइसक्यूब डाले और तिलोत्तमा को अगले दिन आने के लिए कहा। वह चली गयी। मैं अपने स्केच के बारे में सोचता रहा। मैं उसकी आँखें नहीं बना पा रहा हूँ। यह एक साइकोलोजिकल पोर्ट्रेट है। अ हैचिट जॉब...अपनी उँगलियों में पेंसिल फँसा मैं उसे घुमाता और फिर गहरे उन्माद में उसके दो टुकड़े कर दिए। सन्नाटे में खट्ट की आवाज़ हुई और पेंसिल का एक टुकड़ा उछलकर दूर जा गिरा। बेचैनियाँ हिंस्र होती हैं...अक्सर खुद को दबोचती। खुद पर झपटती। अपने भीतर मैं पंजों के निशान और बीभत्स चीर-फाड़ का शोर सुन रहा था। तभी वह आ गयी। सीबो खिड़की से पर्दा हटाकर झाँक रही थी...हौले से बोली, "पापा, बहुत रात हो गयी। मम्मी इन्तजार कर रही हैं। घर चलिए।" मैंने उठकर दरवाज़े की साँकल खोल दी। वह भीतर आ गयी। हमेशा की तरह उसने ऐश ट्रे साफ़ की। रंग समेटे। गिलास धोकर अलमारी में रख दिया और मेरे कन्धों को सहारा देकर रोषपूर्ण स्वर में बोली, "कल से आपको लेने नहीं आऊँगी। रात-दिन स्टूडियो...पापा आपकी दवाई का टाइम भी निकल गया। तीन महीने भी नहीं हुए हैं एंजियोप्लास्टी हुए...और आपने फिर यह सब करना, पीना शुरू कर दिया..." मैं चुप, मंद स्वर मैं हुंकारे भरता मेंडोलिन की तरह काँपता रहा; उसकी झिड़कियाँ सुनता रहा और वह प्रबल आवेग में स्नेह से कातर झाँझ की तरह बजती रही।

वही जानी-पहचानी पगडंडी, चीड़ के पेड़ रात में पहरेदार की तरह लग रहे थे। दबंग खड़े हुए। पहाड़ी नाले की आवाज़ हम दोनों के बीच का पुल थी, जो चुपचाप हमें जोड़े थी। हवा मेरे बदन से आकर खर-खर लिपट जाती...उसके आलिंगन में पुराने पत्तों की गहरी खुशबू की झमकदार आवृति थी...जिन पर पहाड़ी गर्द कुछ ऐसे चिपकी रहती है जैसे जिद में रोये शिशु के गालों पर लकीरें बनाते चमकीले आँसू। सीबो टॉर्च से रास्ता दिखाती रही और दूसरे हाथ से मेरे हाथ को पकड़े यूँ घसीटे लिए जा रही थी जैसे अक्तूबर के मौसम में हवाएँ पुछल्लेदार पतंगों की गलबहियाँ लिए उड़ती जाती हैं। हम दोनों घर लौट आये। बिजली गुल थी। डाइनिंग रूम में दो मोमबत्तियाँ जल रही थीं। कमरे में कोई नहीं था। हमारी आहट से पूँछ हिलाता डमरू जरूर चला आया। हमेशा की तरह मुझ पर भूँक-भूँक कर वह दो कदम पीछे हटा और अपनी झब्बेदार दुम समेट कर मेरे पैरों में लोट गया। मैं डमरू को सहलाता रहा। सीबो भीतर चली गयी। थोड़ी देर बाद अकेले लौटी..."मम्मी तो सो गयीं...मैं खाना लगाये देती हूँ।" हम दोनों ने खाना खाया और अपने-अपने कमरों में चले गये।

अगली सुबह तनुश्री के उठने से पहले ही मैं स्टूडियो चला आया। तिलोत्तमा

वहाँ पहले से ही मौजूद थी। उसे मैंने डुप्लीकेट कीज़ दे रखी थीं। बिना तारतम्य के वह बोली, "चलिए...मैं अपने कार्यालय में हूँ।"

"कहाँ भई?"

"शिमला..."

"अरे! अचानक...शिमला में क्या है? शाम हो जायेगी पहुँचते-पहुँचते।"

"आप अपने सब्जेक्ट पर ठीक से काम कर पायेंगे। वहाँ धीरेन्द्र का गेस्ट हाउस है। थोड़े दिन वहीं रहकर..."

"तुम्हें डर..."

वह बात के बीच में ही जोर-जोर से हँसने लगी। मैं लज्जित हो गया। थोड़ा उसकी उन्मुक्तता पर और थोड़ा अपने दब्बूपन पर।

उसने बात पूरी की..."धीरेन्द्र अपने परिवार के साथ पहुँच रहा है.."

"भीड़-भाड़ में कलाकार कहाँ जिन्दा बचता है...यहीं ठीक है, मनाली में... फिर यहाँ तनुश्री और सीबो अकेले रह जायेंगे।"

"तो उन्हें भी साथ ले चलिए..."

"स्केच कोई हँसी-ठट्ठा नहीं...महीना-महीना लग जाता है...यह अचानक शिमला की विपदा कहाँ से खोज लायीं?"

उसने गहरी साँस भरी। "दो-तीन दिन में ही लौट आयेंगे। चलने में हर्ज़ क्या है?"

नेह से भरे इस आग्रह को मैं टाल नहीं सका। उसके पास ट्रेवेरा थी। पेंटिंग का सारा सामान वही रखती रही। तनुश्री को गिरधर के हाथ खबर कर दी थी। सीबो साथ चली, किन्तु तनु ने जाने से इनकार कर दिया। मैं जानता था कि वह नहीं जायेगी। उसकी मेरे इस तरह के टूर में कोई दिलचस्पी नहीं थी...

इस आठ घंटे के सफ़र में सीबो और तिलोत्तमा खूब घुल-मिल गयी थीं। शिमला से करीब 22-23 किलोमीटर की दूरी पर फागू की घाटी में धीरेन्द्र की 'अमराई कुटी' थी। धीरेन्द्र के इस फार्म हाउस पर मेरा आना पहली बार हुआ। नीले रंग का छोटा-सा गेट, कुछ फर्लांग पर बीचोबीच तुलसी का चौरा। दाहिनी तरफ सेब का बड़ा बगीचा। फार्म हाउस की अपनी कोई दीवार नहीं थी। यहाँ से एक पहाड़ी घुमावदार होती हुई मेहराब की तरह आकाश को सँभाल रही थी। बीच-बीच में टेरेस में लगी आलू की क्यारियाँ...कहीं-कहीं फ़र के पेड़। सुदूर उत्तर को देवदार की पंक्तियाँ हमारे बौने होने पर विस्मय लिए टकटकी बाँधे देख रही थीं। हवा के साथ पानी की आवाज़ नीले गेट से टकराती, तब गेट हिलने लगता। इसे देख लगा कि वर्षों से यह नीला गेट इसी तरह पानीदार हवाओं में झूलने का आदी हो चुका है। घाटी में अजगर की

तरह खिसकता एक अनाम खड्ड न जाने कहाँ को जाता था। गेस्ट हाउस का चौकीदार खेताराम राजस्थानी था। लाल छींट की सरपेच वाली पगड़ी, शीशे जड़ा फ्रॉकनुमा झब्बा, झक्क सफ़ेद धोती, कान में छह पंखुड़ियों वाले फूल के आकार की मुरकियाँ...मैं जान रहा था कि चीड़ और देवदार के इस स्वर्ग में यह पहनावा बाज़ार बनाम संस्कृति की स्मृतिभर था।

फ़ागू मनाली से ज्यादा ठंडा था। खेताराम ने फायरप्लेस में अलाव जला दिया था। वह हमारे लिए कॉफी लेने चला गया। तिलोत्तमा मुझे अपना शॉल उढ़ा गयी। दोनों लड़कियाँ बाहर चली गयी थीं। उसके शॉल की महक फ़ागू की महक से भी अधिक खुशनुमा थी। मैं इसे बार-बार यूँ ही सूँघ लेता।

शुरू के कुछ दिनों हम लोगों ने अजब अन्यमनस्कता में बिताये। मैंने रंगों को हाथ नहीं लगाया। सुबह-सुबह हम तीनों पैदल फ़ागू घूमने निकल जाते। धीरेन्द्र किसी कारण से नहीं आ सका था। मैं मन ही मन उसकी अनुपस्थिति से खुश ही था। जिस सड़क से हम फ़ागू आये थे, यह तिब्बत को जाती है। फ़ागू की हर पगडण्डी से यह रपटीली सड़क दिखाई देती थी। कई बार अचानक चार सौ-पाँच सौ भेड़ों का रेवड़ सड़क पर उतर आता। खेताराम ने बताया कि भेड़ें ले जाने वाले लोग राजस्थानी हैं। ये लोग लगातार दो-तीन महीने यात्रा करते हैं। हर साल बरसात के बाद इनका यहाँ से गुज़रना होता है। काश्मीर जाकर यह काफ़िला विश्राम लेता है। अच्छे दामों पर इनकी भेड़ काश्मीर में बिक जाती है।

फ़ागू मेरे जैसे चित्रकार के लिए आदर्श जगह थी। अछूती। घना जंगल। नीरव। शान्त...सीबो कभी तितलियों के पीछे दौड़ती तो कभी अपने आँचल में आलू उखाड़-उखाड़ भर लाती। खेताराम उन्हें भून देता। तिलोत्तमा सरसों के तेल में हरी मिर्च तल कर आलू बघार देती। बड़े प्रेम से वह आलू खिलाती। सीबो उसे खूब चाहने लगी थी। पर मेरे मन में कुछ खटक रहा था। सीबो उस तरह की नहीं है, तिया जैसी नहीं है। उसे होना भी नहीं चाहिए। पर हैं दोनों ही हिमाचली लड़कियाँ। खूब ख़याल रखने वाली। बेबात पर हँसने वाली। हँसते-हँसते सीबो का दुपट्टा नीचे गिर जाता। उसे होश तब आता जब मैं हलका-सा झिड़क देता। फिर वह घंटों चुप रहती। मेरी जिन दवाइयों की चिन्ता सीबो किया करती है, न जाने कैसे वह तिलोत्तमा के हिस्से जा पहुँची थी। तिलोत्तमा अब तिया हो गयी। किसने और कब उसका यह नाम धर दिया... तिया को लेकर जो बदहवासी का कुहासा मन में था, वह छँटने लगा था। कई बार मैंने महसूस किया कि इस लड़की के अन्दर एक और लड़की है, जो अलग है इससे। इसके अन्दर की लड़की मुझे खींच रही थी और मैं

उससे लगातार बचने की कोशिश में था...या फिर जो भी पढ़ने की कोशिश कर रहा था, उसका सम्बन्ध मेरे स्केच से था। मैंने इस लड़की के केस में एक पल भी विषयान्तर नहीं करना चाहा। मैंने उसकी हलकी तिरछी आँखों को रंग देने के लिए अपने मन में कई कहानियाँ गढ़नी शुरू कर दी थीं। उसकी आँखें सीबो की तरह नहीं हो सकतीं। सीबो की आँखें नॉर्मल आँखें हैं...इन्हें मैं सुन्दर कहूँगा। तिया की आँखें अचानक तिरछी हो जाती हैं...यह कब तिरछी होंगी...इसका गणित मैं आँकने लगा था। उसका कनखियों से देखना वाकई कोई अर्थ रखता था और इसे मैं पकड़ नहीं पा रहा था। दिन-रात यही सोचता कि यह स्केच कैसे पूरा होगा...क्या फ़ागू आना बेकार चला जाएगा।

आज दोनों लड़कियाँ शिमला चली गयी थीं। मैं यहाँ अकेला रह गया। थोड़ी हरारत लग रही थी। गला भी खराब हो गया था। खेताराम भी आज नहीं आया था। एक तरह से मेरे लिए आज का दिन सैबथ का दिन था। एक कलाकार अक्सर इस एकान्त की तलाश में रहता है। अपने इस एकान्त में उसकी आँखें ज्यादा सजग हो जाती हैं, कान वे सब सुन लेते हैं जो उनके सीमा क्षेत्र में नहीं आता। मैंने अपने लिए लेमन टी बनाई और छोटी-छोटी चुस्कियों में यहाँ की गुनगुनी सर्दी को हलक में उतारता रहा। कोटेज के बाहर एक पोर्टिको था, उसी से लगा एक बड़ा सेब पैटियो था जहाँ से छोटे-छोटे वॉकवेज़ सेब के बगीचों को जाते थे। चाय पीकर मैं थोड़ी देर यूँ ही चहलकदमी करता रहा। ठंड कुछ चुभती जान पड़ रही थी, इसलिए ज्यादा आगे नहीं गया। दालान से थिओंग की घाटी साफ़ दिखाई दे रही थी। रात में यह घाटी मैं अपने कमरे की खिड़की से रोज़ देख रहा हूँ...रात जब थिओंग की बत्तियाँ जल उठती हैं और निरभ्र आसमान तारों से झिलमिला उठता है तब यह जानना मुश्किल हो जाता है कि इन पहाड़ियों का कंठाहार शहर की चकाचौंध है या नीचे को उतरते तारकों की दीपमाला। खैर प्रकृति के अदृश्य पैरों के साथ चलते हुए मैं कोटेज को लौट आया। सीबो और तिया के कमरे का दरवाज़ा आधा खुला था। निगाह अचानक कमरे में भीतर घुस गयी। लड़कियाँ बिस्तर तक ज्यों का त्यों छोड़ गयी थीं। कमरे में कोई अहसास था जो मुझे अन्दर ले आया। एक पल को लगा कि चोरी कर रहा हूँ, लेकिन मैं दाखिल हो गया। मेरी आँखें शातिर मछलियों की तरह कमरे में डूबती-उतरती रहीं। कमरे की तिया एकदम भिन्न है। उसकी हर चीज़ करीने से लगी है जबकि वह खुद कितनी लापरवाह है। तो जूल्स वर्न पढ़ती है ये लड़की... लाल हार्डबाउंड की 'वोयेजिस एक्स्ट्राऑर्डिनरी' ड्रेसिंग टेबल पर रखी हुई है। किताब के नीचे से कुछ शीट्स झाँक रही थीं। शायद कुछ लिखती भी है तिया...यह सोचते हुए

मैंने किताब के नीचे से शीट्स खींच लीं। एक-दो-तीन-चार...कई शीट्स..जिनपर वॉटर कलर से आड़े-तिरछे चित्र बने हैं...नीचे गिर गये। मैं हैरानी से तस्वीरें देख रहा था। हर चित्र में एक नग्न स्त्री...इन चित्रों ने पॉल देल्वो की याद दिला दी। पर ये तस्वीरें देल्वो से कुछ भिन्न थीं। हर चित्र में स्त्री के खुले अंग नीले आकाश से अपने आप को ढाँकने की जद्दोजहद करते दीख रहे थे। आकाश भी कुछ अजब तरह से इन अंगों पर झुका हुआ था...कुछ ऐसे कि नग्नता आधी छुप जाती थी और आधी कुछ इस तरह अनावृत होती थी कि देखने वाला इनकी सेंशुअसनैस से खुद को आज़ाद नहीं कर सकता था। मुझे यह पोर्न लगीं। न जाने क्यों लगा कि यह चित्र सेल्फ पोर्ट्रेयल के सिवा और कुछ नहीं...और इस विचार से पलभर के लिए कई पाप एक साथ मन में घुसने लगे। इनसे मुक्ति तब मिली जब मेरी निगाह सीबो की चूड़ियों पर गयी, जो पलँग के सिरहाने फैली पड़ी थीं। मैंने चूड़ियाँ ठीक से रख दीं और सोचने लगा कि सीबो इन पेंटिंग्स को देखकर क्या सोचती होगी...मेरा पिता यकायक सचेत हो गया। तरह-तरह की दुश्चिन्ताओं के साथ मैं अपने कमरे में लौट आया। मैं बेसब्री से लड़कियों का इन्तजार कर रहा था। मैंने मन ही मन निर्णय लिया कि हम कल सुबह-सुबह ही मनाली को निकल चलेंगे।

लड़कियाँ अँधेरा पड़ने तक भी नहीं लौटी थीं और मेरी व्यग्रता चरम पर थी। यहाँ तो शाम ढले ही अँधेरा हो जाता है...और आज तो कुछ पहले ही हो गया। करीब आठ बजे दोनों लौटीं। मैं गुस्से से फट पड़ा। दोनों जान नहीं पायीं कि ऐसा क्या गलत हो गया...सीबो ने दबी आवाज़ में कहा, "पापा अस्पताल में देर लग गयी..." मैं चौंका...चौंका इसलिए कि सीबो की आँखें गीली थीं।

तिया ने झट कहा, "शिशिर मेरी माँ का इलाज इन्दिरा गाँधी मेडिकल कॉलेज में चल रहा है...तो वह भी जरूरी था।" कहकर वह सीबो का हाथ खींचकर रसोई में ले गयी। मैं ठगा सा खड़ा रहा...तिया का यूँ मुझे नाम से पुकारना...सीबो की हम उम्र है...पर यदि वह मुझे अंकल या किसी और सम्बोधन से बुलाने लगे तो... नहीं शिशिर ही ठीक है... इस तिया पर मुझे सारा दिन गुस्सा बना हुआ था... पर जब यह सामने पड़ी तो सब कितना बदल गया...गहरी मुस्कान लिए मैं अपने कमरे में लौट आया।

अगले दिन सीबो सुबह अकेले ही घूमने चली गयी थी। तिया को मैंने अपने कमरे में बुला लिया था। पेंटिंग का सारा सामान कई दिनों बाद आज खुला। ईज़ल पर अधूरे स्केच का कैनवास चढ़ा दिया। फिर रंग घोले। तिया मेरे सामने बैठी थी। आज बहुत दिनों बाद मैं उसे फिर उसी काउल और घाघरे में देख रहा था। बाहर हलकी फुहार पड़ रही थी। मैंने खिड़की खोलकर पर्दा डाल दिया। बादामी रेशमी पर्दा

कभी-कभी झकोरे से मेरे बदन को छू जाता। मैं तिया को गौर से देखने लगा। किसी ने मुझे खींचा। मैं उसके पैरों में बैठा था। वह मूर्तिवत मुझे देख रही थी। हमारी साँसों के बीच अन्तर कम होता गया। उसकी आँखें बन्द थीं। पहली बार मुझे लगा कि इससे खूबसूरत आँखें किसी की नहीं हो सकतीं। मैंने उसे झपट लिया। वह कुछ कहना चाह रही थी, पर मैं उसे झपट चुका था। त्वचा के रंग का वह काउल...उसका वह रंगीन महीन घाघरा... और फिर जैसे वह चीख पड़ी। उसने चादर से अपना तन ढँक लिया। आँखों से आँसू बहने लगे। मैं पागल की तरह उसे देख रहा था। मैं पागल हो जाना चाहता था। मैं आज उसके भीतर की बाईस साल की लड़की को पूरी तरह पा लेना चाहता था। निगल लेना चाहता था.....

मैंने उससे कहा—"यह मोक्ष है।"

और मेरा एक हाथ उसके संगमरमरी उरोज़ पर था...

मैंने उससे कहा, "लड़कियाँ हर महीने नयी हो जाती हैं..."

कहकर दूसरा हाथ कुछ तलाशने लगा...

वह रोते-रोते धीरे से बोली—दो साल पहले ब्रेस्ट कैंसर के कारण रिमूवल करना पड़ा था...

बाहर बेमौसम की तूफानी हवाएँ चलने लगीं...साँय साँय...

सुबह के सूरज को बादलों ने निगल लिया...

स्केच पर सफ़ेद मलमल का कपड़ा ऐसे चिमट गया जैसे अब यह कभी वहाँ से हटेगा नहीं।

कोई खिड़की के परदे को जबरन हटा रहा था... वहाँ उसे मैंने खड़े पाया। चुप। स्तब्ध। घूरते हुए...

तिया चली गयी।

मैं लौट आया।

मनाली का आकाश बड़े कैनवास की तरह पड़ा था।

मेरी टूटी पेंसिल स्टूडियो के कोने में खट से किसी चीज़ से टकराती थी...

तनुश्री कुछ कह रही थी, "सुनो, सीबो की आँखों को क्या हुआ है? उसे किसी ओपथैलमोलोजिस्ट को दिखा लाइए। तुम्हें नहीं लगता कि उनमें हलका सा भैंगापन है..."

सीबो परदे से देख रही है... कनखी-कनखी...पारे की तरह दो जलते आँसू उसके गोरे गालों पर लुढ़क गये थे...

और मैं...

यादों से भरा खाली मन

•

आकांक्षा पारे काशिव

सब कुछ सुस्त था। सुबह भी। सूरज बादलों का लिहाफ ओढ़े सोया था। एक ऊँघती हुई 534 नम्बर की बस आयी और वह उसमें सवार हो गया। उसने जोर से धक्का दे कर बस की खिड़की का शीशा बन्द किया और अपने हाथ सिकोड़ कर बगल में छुपा दिए। 'ठंड आ गयी।' वह मन ही मन बुदबुदाया। दिल्ली की धुन्ध वाली सर्द सुबह में उसने आँखें बन्द कीं और अम्माँ-बाबूजी का चेहरा याद करने लगा। दोनों की शक्लें उसे बाहर के मौसम की तरह धुन्ध में कहीं खोई-खोई सी लग रही थीं। कितने साल हो गये होंगे उन्हें देखे? हिसाब लगाने के लिए उसने अपनी आदत के अनुसार हथेली फैला कर एक-एक उँगली मोड़नी शुरू की। उसे लगा सुलेखा बगल में बैठी फक्क से हँस दी है। "कैसे बच्चों जैसे गिनते हो, पूरी उँगलियों को फैला कर। ऐसे नहीं गिन सकते," और वह अपने अँगूठे को उँगलियों के पोरों पर धीमे-धीमे छुआती गिनती करने लगी। 'एक-दो-तीन-चार-पाँच-छह...। छह साल! बाप रे। छह साल हुए तुमने अपने माँ-पापा को नहीं देखा। कैसे दुष्ट हो तुम।' नहीं तो वह कहना चाहता है लेकिन...। उसे दो शब्दों से सख्त एतराज रहा करता था, काश और लेकिन। यह विडम्बना ही है कि उसका जीवन अब दो शब्दों के बीच सिमट कर रह गया है, काश और लेकिन। "तुम घर क्यों नहीं जाते?" बहुत अंतरंग किसी क्षण में सुलेखा ने उससे पूछा था। वह कोई जवाब नहीं दे पाया था। यदि उसके पास इसका कोई जवाब होता तो वह कब का घर जाने वाली ट्रेन में बैठ गया होता। घर। ऐसा घर जिसमें उसके लिए पहले जगह कम फिर खत्म होती चली गयी थी। पुरानी बातें सोच कर उसका मन कहीं-कहीं गीला हो आता था। इतना गीला कि अगर वह लड़की होता तो पक्के तौर पर रो लेता।

बीस मिनट के इन्तजार के बाद इंजन धीरे-धीरे रेंगता प्लेटफॉर्म की ओर बढ़

रहा था। वह बुत बना खड़ा रहा। ट्रेन रुकी और लोग डब्बों की तरफ दौड़ पड़े। वह अम्माँ-बाबूजी को पहचानना जितना कठिन समझ रहा था उसे वह काम उतना कठिन नहीं लगा। बाबूजी के बाल पूरे सफेद हो गये हैं और नीचे के दो दाँत टूट गये हैं। अम्माँ तो बिल्कुल वैसी ही है। खालीपन लिए हुए भूरी आँखों वाली। गोल चेहरा, जिस पर कभी अधिकार का भाव जाग ही न सका। दमकता गोरा रंग और निस्तेज व्यक्तित्व। उनके मुकाबले सुलेखा कितनी अलग है। जो करना है वही करना है, जो पसन्द नहीं उसे वह बिल्कुल नहीं ढोएगी। चाहे फिर वह ही क्यों न हो। अचानक उसे याद आया कि मिलने पर तो पैर छुए जाते हैं। वह हलके से झुका तो बाबूजी ने उसकी दोनों बाँहें थाम लीं। बस। उसने मन में कहा। उसे लगा था बाबूजी उसे भी वैसे ही गले लगा लेंगे जैसे भैया को लगा लेते हैं जब वह पैर पड़ने झुकते हैं। बिना किसी औपचारिक वाक्य के बाबूजी का सीधा-सपाट वाक्य आया, "घर कितनी दूर है?"

"कुछ खास दूर नहीं है।"

"बस जाती है वहाँ तक या फिर कैसे चलेंगे?"

"नहीं ऑटो ले लेंगे।"

"ऑटो महँगा नहीं पड़ेगा।"

"नहीं कुछ खास नहीं।"

"मैंने इसलिए पूछा कि दिल्ली, मुम्बई में ऑटो के किराए बहुत होते हैं। पिछली दफा जब अनुज के पास मुम्बई गये थे तो उसने बताया था। खैर वह तो हमें अपनी कार में लेने आ गया था।" उसने महसूस किया बाबूजी ने अनुज और कार को थोड़े गर्व में कहा और माँ ने उस पर सिर्फ एक गहरी नजर डाल दी है। उसने चेहरा फेर लिया और ऑटो वाले को आवाज दे दी।

बर्फीली रात में उसने धीमे से दरवाजा खोला और पीछे के वरांडे में आ गया। जाली से घिरे वरांडे के एक कोने में पुराने अखबार बेतरतीब से मीनार सी बनाये हुए थे। रंग उड़ी नायलोन की रस्सी पर बाबूजी की चौखाने की लुंगी और पीली पड़ गयी बनियान और माँ की साड़ी सूख रही थी। उसने हौले से साड़ी को छुआ। कपड़ा कितना हलका है। उसने फौरन साड़ी का किनारा छोड़ दिया। माँ इतनी सस्ती साड़ियाँ पहनने लगी हैं। कब से? भैया कार में लेने आ सकता है तो क्या माँ-बाबूजी को ढंग के चार कपड़े नहीं दिला सकता। बचपन के आक्रोश ने फिर सिर उठा लिया। हलके खुले दरवाजे से बाहर की रोशनी अन्दर झाँक रही थी। बाबूजी तखत

पर चित गहरी नींद में थे। अपनी चिरपरिचित मुद्रा में। उनके दोनों हाथ उनके सीने पर रखे हुए थे। पैरों में हलकी सी दूरी थी। उनकी छाती के ऊपर-नीचे होने से ही कोई जान सकता था कि वह जिन्दा हैं। वरना जीवन जैसा उनके पास कुछ बचा नहीं था। उनके खुले मुँह से नीचे के टूटे दाँत झाँक रहे थे। नीचे गद्दे पर माँ सोई थीं, गुड़ीमुड़ी उसकी मटमैली चादर को खुद पर लपेटे। उसने जेब से सिगरेट की डिब्बी निकाल कर एक सिगरेट मुँह में रखी ही थी कि माँ कुनमुनाई। उसने घबरा कर सिगरेट को फुर्ती से जेब में रखा और दरवाजे को बन्द करने के लिए हाथ बढ़ा दिया।

"वह किस वजह से यह घर छोड़ कर चली गयी?" तीन दिन बाद स्पष्ट रूप से पूछा जाने वाला माँ का यह पहला वाक्य था। माँ की आवाज में अधिकार था। उनकी आवाज की तेजी सुनकर ही वह समझ गया पिताजी निश्चित रूप से बाहर गये हैं। पहले उसका मन किया सब सच-सच कह दे। फिर उसने गला साफ किया और बस इतना ही कह सका, "हमारा स्वभाव नहीं मिलता था।" "स्वभाव? स्वभाव क्या होता है रे रूनू? मेरा और तेरे पिताजी का स्वभाव मिलता है क्या, तेरे भैया और भाभी क्या एक जैसे हैं? तेरी बहन क्या तेरे जीजा सी लगती है तुझे? स्वभाव नहीं मिलता। वाह! क्या कारण ढूँढ़ा रे रूनू अलग होने का। रिश्ते निभाना तो सीखना पड़ता है। पर तुझे रिश्तों की परवाह रही ही कब?" उसका मन किया पलट कर तीखा सा जवाब दे कि वह रिश्ते ही निभाता रह गया। जो चीज उसे मिली नहीं वही चीज उसने सुलेखा को देने की कोशिश की। भरपूर कोशिश। वह प्यार से इतना खाली था कि उसने सोचा सिर्फ प्यार करने भर से रिश्ते चल जाते हैं। सिर्फ प्यार करने भर से कोई हमेशा के लिए किसी का हो कर रह सकता है। लेकिन... ऐसा नहीं हुआ। काश...उसने इसके अलावा भी सोचा होता। काश! 'भैया ठीक हैं?' उसने बात का रुख पलटना चाहा। 'हाँ सब अपनी जगह ठीक हैं। मुझे तो तुम्हारी फिक्र सताती है। यूँ अकेले जीवन नहीं कटता। अब क्या करोगे कुछ सोचा है? दूसरी शादी?' उसने महसूस किया शादी शब्द तक आते-आते माँ की आवाज का स्वर बिल्कुल धीमा हो गया था। वैसा धीमा जैसे बाबूजी से बात करते वक्त हो जाया करता है। वह कहना चाहता था अकेलापन तो उसकी नियति है। इतने सालों से भी तो अकेला था। सुलेखा तो मात्र डेढ़ साल रही उसके जीवन में। 'वह कहती क्या थी? क्या पसन्द नहीं था उसको तेरे स्वभाव में?' फिर आरोप उसने अपने मन में सोचा। माँ इस सवाल को ऐसे भी पूछ सकती थी, 'क्या दिक्कत थी तुम दोनों के स्वभाव में।'

लेकिन उन्होंने मान लिया कि उसके स्वभाव में ही दिक्कत रही होगी। आहट बता रही थी, बाबूजी सीढ़ियाँ चढ़ रहे हैं। उसने माँ की तरफ देखा और निगाहों में पूछा, 'इस बात का जवाब अभी चाहिए।' माँ धीमे से उठीं और वचन निभाने में पक्के, रिश्ते निभाने में कच्चे श्रीराम की कथा में खो गयीं। यही तो वह हमेशा से करती आयी हैं। परिस्थितियों से भागना और रामचरितमानस की ओट में दुबक जाना। उसका अन्दाजा सही निकला। दरवाजे पर बाबूजी खड़े थे।

"सतीश भी तो दिल्ली रहता है न?" बाबूजी का प्रश्न तीर की तरह घुसा उसके दिल में। सतीश का नाम कितने दिनों बाद सुन रहा है।

"हँ...हाँ।"

"बुलाओ उसे किसी दिन घर पर। शादी-वादी की या नहीं उसने?"

"हाँ।"

"मर्जी से की या..." बाबूजी ने जानबूझ कर शायद वाक्य अधूरा छोड़ दिया। किसी को शर्मिंदा करने के लिए क्या जरूरी है कि पूरी बातें बोली ही जाएँ। कई बार अधूरी चीजें, पूरी चीजों के मुकाबले ज्यादा स्पष्ट संकेत देती हैं। घर की कई अधूरी चीजें उसे भी तो संकेत दे रही थीं कि कुछ तो है जो उसे अधूरा छोड़ अपनी पूर्णता की ओर बढ़ रहा है। सुलेखा की अधूरी इच्छाएँ, उसके अधूरे सपने। उसे लगता था वह सुलेखा के सूने गले को अपनी बाँहों के हार से भर देगा, सुलेखा के जागने से पहले बढ़िया खाना बनाएगा और बाहर खाना खाने की जरूरत खत्म हो जाएगी। मकान नहीं खरीद पा रहा तो क्या वह सुलेखा को घर देगा। घर। जहाँ छह साल से वह नहीं गया। वह अपना खुद का घर बनाएगा। लेकिन...। काश... उसने कुछ और भी सोचा होता। काश... उसने सोचा होता जो आपको नहीं मिलता वह कोई कैसे बाँट सकता है।

"जब तुम अलग हुए तब समझाया नहीं उसने तुम्हें। बड़ा समझदार लड़का है वह। तुम्हें कुछ सीखना चाहिए उससे।" उसका मन किया बाबूजी को बताये कि सच में वह बहुत समझदार है। वह जल्द ही समझ गया कि लड़कियों के दिल कैसे जीते जाते हैं। फिर चाहे वह दोस्त की पत्नी ही क्यों न हो। समझाया भी था उसने कि यदि वह आसानी से न समझा और तलाक के कागज पर साइन नहीं किए तो वह फिर उसे ठीक से 'समझाएगा।' सीखना तो उसे सच में चाहिए।

हलकी धूप में खड़े माँ-बाबूजी सुनहरे रंग के दिख रहे थे। प्लेटफॉर्म में आज उतनी भीड़ नहीं थी। उसने बाबूजी के हाथ में लौटने का टिकट थमाया। वह जानता

था उन दोनों को दोबारा देखने के लिए अब उसे ही उनके पास जाना होगा। घर उसने छोड़ा था इसलिए उसे ही एक बार आना पड़ेगा कि जिद पता नहीं कितने साल चलती यदि नींद की गोलियाँ खा कर वह अस्पताल न पहुँच गया होता। लेकिन उसके पास कोई चारा नहीं था। काश...उसने अपनी निराशा पर काबू पाना सीख लिया होता। उसने झुक कर बाबूजी के पैर छुए। उन्होंने उसके कन्धे थपथपाये और गाड़ी में चढ़ गये। उसका सीना बाबूजी के सीने से टकराने का इन्तजार ही करता रह गया। इन्तजार ने उसके सीने में बहुत बड़ा गड्ढा कर दिया। इतना बड़ा कि पूरी ट्रेन उसमें समा गयी। ट्रेन में बैठे माँ-बाबूजी भी।

किस्सा प्रेम का

•

शोभा नारायण

किस्सागोई का जमाना अब कहाँ रहा? किसके पास इतना समय है कि किस्से सुने? गया वह वक्त जब सर्दी की लम्बी रातों में अलाव के चारों तरफ महफिल जमती थी और किस्से सुनने-सुनाने का जो सिलसिला शुरू होता था वह देर रात तक चलता रहता था। तसल्ली थी तब, अब तो जिन्दगी एक दौड़ बनकर रह गयी है और उस दौड़ में कौन सुनेगा किस्से और कौन सुनाएगा? वह भी प्रेम के? हीर-रांझा, शीरीं-फरहाद, लैला-मजनूँ के दिन अब लद गये। नये जमाने में सन्दर्भ बदल गये हैं और शब्दों के अर्थ भी। वैसे भी भला प्रेम में क्या नवीनता हो सकती है? वहीं अब, जैसे आदमी-औरत, स्त्री-पुरुष, लड़का-लड़की, मिलना-जुलना, कसमें-वादे, शादी-ब्याह, जुदाई-बिछुड़ना, रोना-धोना इत्यादि इत्यादि। प्रेम के सभी किस्से उपरोक्त शब्दावली के चक्कर काटकर स्थायी भाव से नौकरी, घर-गृहस्थी, मकान, बच्चे, जिम्मेदारियों के सपाट धरातल पर स्थापित हो जाते हैं। इन सबके बीच चलती रहती है जीवन की गाड़ी और कहीं-न-कहीं एक तलाश भी। इस तलाश को कोई नाम दिया जाए यह जरूरी नहीं है। हर किसी की तलाश अलग है। इसलिए तलाश का नाम और परिभाषा एक नहीं हो सकते।

एकाकी एकरस जीवन में थोड़ी सी खुशी की तलाश। महानगर के अकेलेपन में दोस्ती की तलाश। वैसे तो वह मेरा दोस्त नहीं था—कुछ ऐसा ही सम्बन्ध था हमारा जैसे विक्रमादित्य-बेताल का! शहर में क्या हो रहा है सब खबर रखता था वह पत्रकार जो ठहरा। यह तो मैं मानूँगी कि उसकी सत्यकथाओं ने मुझे अनेक कथ्य दिये हैं।

आज कॉफी हाउस की उमस भरी भीड़ में बहुत दिन बाद दिखाई दिया। खुशनुमा 'हैलो' और कुछ कहने का उतावलापन। मेरे जैसा श्रोता उसे और कहाँ मिलेगा? कई बार तो हफ्तों-हफ्तों घर में मुझे कोई कहने-सुनने वाला नहीं मिलता। फोन और दरवाजे की घंटी और टी.वी. की आवाज मेरे फ्लैट के सन्नाटे को तोड़ती

मुझे अपने होने का अहसास दिलाती थी, नहीं तो कभी-कभी तो लगता था कहीं मैं सार्थक संवाद करना ही न भूल जाऊँ। वैसे जिन्दगी से मुझे कोई शिकायत नहीं थी। अब जब एक सचमुच का इनसान एक सचमुच की कहानी सुनाने जा रहा था तो मेरी उत्सुकता अपनी चरम सीमा पर थी।

''श्रीजा को जानती हो तुम?'' किस्सानवीस को प्रश्न के उत्तर की कोई अपेक्षा नहीं थी।

''अच्छा जानने न जानने से क्या फर्क पड़ता है। अपने आसपास कितनी ही ऐसी मिल जाएँगी तुम्हें। सीता, द्रौपदी, राधा, मीरा और सावित्री सभी तो तुम्हारे भीतर हैं तो ऐसे यह श्रीजा भी अपने अन्दर झाँक भर लो—तुम ढूँढ़ लोगी।''

''ओह, तो यह बात है, मुझे मेरी ही कहानी सुनाने आये हो क्या?''

''ऐसी गुस्ताखी मैं भला कैसे कर सकता हूँ। यह किस्सा है प्रेम का, रोमांस का, भुलावे और छल का भी। अरे, यह तो बहुत फिल्मी होता जा रहा है।'' वह हँसा।

मैं चुप थी। रोमांस क्या होता है भला? एक अहसास या सच्चाई? एक भाव या वास्तविकता? मैं सोच रही थी। मेरे मन में उद्वेलन था और यह हँस रहा है।

अब वह सीरियस था—''औरतें स्वयं नहीं जानतीं कि वह चाहती क्या हैं—विशेषतः प्रेम में।''

उसकी इस संक्षिप्त भूमिका में शायद फ्रायड की ज्ञान दृष्टि थी।

''अच्छी-खासी रिसर्च करके आये हो आज तो।'' मैं कुछ तुनक कर बोली।

''अरे, किस बहस में उलझ रहे हैं हम लोग। तुम श्रीजा की कहानी सुनो—श्रीजा विवाहिता है—एक सफल उद्यमी की पत्नी। और सब कुछ ठीक ही चल रहा है उसके जीवन में। गृहस्थी की गाड़ी अपने सारे पड़ावों पर ठीक समय पर पहुँचती रही—बच्चे, उनकी पढ़ाई-लिखाई इत्यादि सभी ठीक-ठाक रहे। एक पत्नी की पारिवारिक जरूरतों का ख़याल रखने वाला पति, बच्चों के लिए समझदार पिता, समाज में प्रतिष्ठा और जीवन में सुरक्षा देने वाला व्यक्ति मिल जाए तो क्या चाहिए? फिर क्या थी श्रीजा की तलाश? पति-पत्नी का प्यार हमेशा सामाजिक परिपाटी के दायरे में बँधा होता है। विवाह में आपको प्यार करने की स्वतन्त्रता है, पर आप प्यार में नहीं होते।''

मैं समझ रही थी। मेरे मन में एक कचोट थी। इस अनजानी श्रीजा से मैं स्वयं को जुड़ा हुआ महसूस कर रही थी। किस्सानवीस अपनी रौ में था। कहानी जारी थी।

''अनुराग और श्रीजा बरसों से एक-दूसरे का साथ निबाहते आ रहे थे। यह उन दोनों के लिए ही सुविधाजनक था। 'समझौता' यही मूल मन्त्र था श्रीजा के

जीवन का बरसों पहले और आज भी। बहुत छोटी रही होगी श्रीजा। तभी से चाहा था उसने, कोई साथी हो उसका, जिसके साथ वह अपने सुख-दुख बाँट सके, जिसके साथ वह बिना थके दूर तक चल सके, जिसके प्यार में वह लबरेज रहे, जिसकी आँखों में वह अपने मन को देख सके, जिसके स्पर्श में वह स्वयं को महसूस कर सके, जिसकी लरजती अँगुलियों में उसके जीवन का संगीत बजता हो। ऐसा कभी होता है क्या? निरी बकवास!'' उसने कथ्य में लगाम दी।

'होता है, होता है।' मैं सोच रही थी—औरतों को मन साधने के इतने पाठ पढ़ाये जाते हैं कि वह यह सब कुछ अव्यक्त ही रहने देती हैं। मैं जानने के लिए उत्सुक थी—''श्री को वह सब कुछ मिला जो उसने चाहा था।''

''हाँ भी और ना भी। श्री का तो गन्तव्य था ही नहीं, सिर्फ तलाश ही तलाश थी।''

''तो क्या बुरा है इसमें? यात्रा का रोमांच।'' मैंने टिप्पणी की।

''ठीक कहती हो तुम। विवेक, जब श्री के जीवन में वापस आया तो श्री की तलाश को एक नया मोड़ मिला।''

''विवेक? एक नया पात्र? तलाश की परिणति?''

''नहीं भाई, अभी से किसी निष्कर्ष पर मत पहुँचो। यह इक्कसीवीं सदी की कहानी है।''

''जानती हूँ—बीसवीं सदी की होती तो श्री ने विवेक को नकार किया होता—सीता-सावित्री के पदचिह्नों पर चलती पतिव्रता भारतीय नारी!'' मैंने व्यंग्य किया।

मेरी टिप्पणी को अनसुना कर किस्सानवीस ने कथ्य जारी रखा—''श्रीजा और विवेक अपने कालेज के दिनों से मित्र थे और एक-दूसरे के प्रति अनुरक्त भी। जाति और सामाजिक स्तर के अन्तर के कारण श्री के परिवार ने विवेक को श्री के उपयुक्त कभी समझा ही नहीं और उस समय श्री भी नहीं समझ पायी थी कि वह विवेक के साथ सचमुच कोई स्थायी सम्बन्ध बनाना चाहती है। आर्ट्स फैकल्टी के लम्बे गलियारों की छोटी मुँडेरों पर बैठ, वे दोनों क्लास शुरू होने का साथ-साथ इन्तजार करते थे। कॉफी हाउस की सस्ती कॉफी और दोसे के लंच के साथ 'कामायनी' और 'पैराडाइज लास्ट' को लेकर लम्बी बहसें, दिन की आखिरी स्टूडेंट-स्पेशल बस में छोड़कर साथ-साथ चढ़ना और सीट न मिलने पर बस के टूटे-फूटे हैंडल से लटकते हुए भरी बस में, बस के हर धक्के के साथ एक-दूसरे से टकराना और कभी-कभी विवेक का जानबूझ कर अपना स्टॉप मिस करना सभी याद है श्री को।''

मैं वर्ड्सवर्थ को कोट कर रही थी ''बट टु बी यंग वाज वेरी हैवन!''

उसने मुझे बीच में रोक दिया—"ज्यादा रोमांटिक मत बनो, धरातल पर आओ। प्रेक्टिकल, बी प्रेक्टिकल—जैसा अनुराग था।" आगे सुनो—

जाति और दारिद्र्य शापित जीवन को ठेंगा दिखा विवेक एक ऊँचे ओहदे पर पहुँच चुका था—इंडस्ट्री मिनिस्ट्री में ज्वाइंट सैक्रेट्री। अनुराग और विवेक का काम के सिलसिले में मिलना हुआ और बातों-बातों में पता चला कि वह यूनिवर्सिटी के नं. 6 बैच से है, श्री भी तो उसी बैच से थी।

अनुराग को ध्यान आया। पूछने पर पता चला जानता है उसे। अनुराग ने तभी श्री को फोन लगाया और विवेक को डिनर का न्यौता भी दे डाला। श्री विवेक को लेकर बहुत उत्साहित थी। विवेक में श्री की रुचि अनुराग को किसी भी तरह अन्यथा नहीं लगी। वह तो इस बात से खुश था कि मिनिस्ट्री में उसके रुके हुए काम अब सरलता से हो जाएँगे। किस्सानवीस रुका। कुछ ज्यादा ही गम्भीर हो गया था वह—"हमारा राजतन्त्र ऐसे ही चलता है। जान, पहचान और पैसा।" पहली बार मैं उससे पूर्णतया सहमत थी। पर मैं श्रीजा और विवेक के सम्बन्धों को लेकर ज्यादा कंसर्ड थी।

"क्या हुआ?"

"पहल श्रीजा की तरफ से हुई। श्री विवेक में वही पुराना विवेक ढूँढ़ने लगी। क्या यही वह साथी है जिसकी उसे बरसों से तलाश थी? श्री को विवेक की नजरों में अपने लिए चाहत दिखती। विवेक शादीशुदा है। उसका अपना परिवार है। तो क्या? श्री भी तो वर्तमान में जी रही थी वह और खुश थी।"

"क्या श्री की तलाश एकतरफा थी? क्या विवेक को भी लगता था कि श्री में उसने अपना खोया हुआ प्यार पाया है।" मैंने पूछा।

"इसका निश्चय तुम स्वयं करना। तुम्हीं तो कहती हो कि औरत और आदमी प्यार को अलग-अलग ढंग से देखते हैं। श्री और विवेक दोनों ही इस रिश्ते में बराबर के भागीदार थे पर दोनों के मन्तव्य अलग-अलग थे। श्री की तलाश थी एक यूटोपिया की और विवेक के लिए यह एक नया प्रयोग था।"

"छिः, क्या तुम प्रेम को प्रयोग का नाम दे रहो हो? क्योंकि तुम्हारे लिए प्रेम देह से शुरू होकर देह पर ही खत्म होता है।"

"अच्छा, तुम बताओ श्री का युटोपिया क्या है? केवल शब्दों का हेर-फेर। अगर यह सच नहीं है तो विवेक से अकेले मिलने का हर निमन्त्रण वह क्यों स्वीकार लेती थी? वह भी कुछ नयापन खोज रही थी। श्री के सन्दर्भ में तुम इसे प्रेम का नाम दे रही हो और विवेक के सन्दर्भ में मात्र देह व्यापार।"

"अगर श्रीजा को कुछ नया, कुछ अनोखा अनुभव चाहिए तो क्या गलत था?"

"मैंने कब कहा गलत था। एक लम्बी ऊब थी श्री के जीवन में। कैसा सम्बन्ध था यह? अपने बेडरूम की निजता में अनुराग के लिए श्री केवल एक औरत भर थी। श्री को लगता अनुराग को इससे फर्क नहीं पड़ता कि औरत श्री है–वह कोई भी हो सकती थी। शादी के शुरू के दिनों की नवीनता जब फीकी पड़ने लगी तब दोनों के बीच सबकुछ यंत्रवत ही चलता था। श्रीजा अनुराग की आदत भी थी और जरूरत भी। श्री को भी अपनी जरूरत थी उसे बुरा नहीं लगता, पर धीरे-धीरे उन दोनों के बीच उपेक्षा की एक दीवार खिंचने लगी थी। दिनों, महीनों, और अब सालों से उनके बीच एक सन्नाटा पसरने लगा था, जिसे तोड़ने की पहल न अनुराग ने की, न श्रीजा ने। सच पूछो तो अनुराग को कहीं कुछ ऐसा नहीं दिखता था जो श्रीजा के मन की उथल-पुथल को उजागर करता हो।"

"तुम न भी कहते तो भी मैं समझ रही हूँ। अनुराग श्रीजा के प्रति दोषी था। उसने श्री को समझा ही नहीं। जरूरी नहीं दो व्यक्ति एक सा देखें या एक सा महसूस करें, पर एक दूसरे का देखा और महसूस किया समझने की कोशिश तो करें।"

"फिर वही बात" वह थोड़ा मुस्कुराया।

"अरे, जीवन ऐसे ही चलता है। सोचना, समझना और यह प्रेम-वेम भई यह तो लक्जरी है। श्रीजा का मन उसे क्षण-प्रतिक्षण छलता रहता था, जिसके चलते कस्तूरी मृग-सी एक अन्तहीन तलाश में भ्रमित जी रही थी। जानती हो अन्ततः श्रीजा ने विवेक को छोड़ दिया था।"

"ठीक ही तो किया श्री ने। मैं कहूँगी जब इस सम्बन्ध में वह इंटेंसिटी नहीं रही जो श्री की चाहत थी–यही तो है श्री का यूटोपिया–तब श्री ने विवेक को छोड़ दिया। अगर मैं श्री को समझ पायी हूँ तो उसने अनुराग को भी छोड़ दिया होगा।"

"हाँ, यह तो तुमने ठीक समझा। पर अनुराग को छोड़ने का मुख्य कारण जब तुम जानोगी तो सचमुच शॉक्ड होगी। अनुराग श्रीजा और विवेक के सम्बन्धों को लेकर विचलित नहीं था। अनुराग श्रीजा के कॉलेज के दिनों के रोमांस से परिचित था–ऐसा तो होता ही रहता है, वह तो श्रीजा का पास्ट था, उसका तर्क था, इतना दकियानूसी और अनुदार वह नहीं कि अपनी पत्नी के विवाह पूर्व सम्बन्धों को लेकर कोई मुद्दा बनाये। विवेक को श्री के जीवन में वापस वह स्वयं लाया था, बड़े ही आभिजात्य पूर्ण तरीके से कभी साथ खाना, कभी साथ घूमना। अनुराग ने, विवेक के माध्यम से अपने बहुत से काम साधे और श्री को पता ही नहीं चला कि उसे इस्तेमाल किया जा रहा है। अनुराग को श्री और विवेक की बढ़ती निकटता नहीं बल्कि अपने बिजनेस के प्रॉफिट ग्राफ की ऊँचाई दिखाई देती थी और अगर उसे

उन दोनों के खास सम्बन्धों की जानकारी थी तो उन सबको नजरअन्दाज करने में ही अपना हित देखा था। अपने बिजनेस में उसने जो लक्ष्य निर्धारित किए थे, उनको पाने के लिए उसे यह सब करना पड़ा तो उसके लिए यह लक्ष्य था। श्री जानती थी अनुराग और उसके बीच अब केवल सम्बन्धों की औपचारिकता मात्र रह गयी है और जब उसे यह अहसास हुआ कि जिसे वह अनुराग की उदारता और अत्याधुनिक नजरिया समझ बैठी, वह केवल उसका स्वार्थ था, जहाँ वह पत्नी को भी दाँव पर लगा बैठा था। अनुराग की पत्नी होने पर श्री को जो ग्लानि हुई सो हुई, विवेक के पास अपने सम्बन्धों को लेकर ज्यादा ही विरक्ति हुई इतना बड़ा विश्वासघात! उसे लगा न केवल अनुराग बल्कि विवेक की भी सहमति रही होगी इस पूरे प्रकरण में, नहीं तो अनुराग के सरकारी महकमों में रुके हुए काम इतनी आसानी से निबटते क्या? और यही था श्री का विवेक से अलग होने का कारण।"

श्री के लिए मन में सहानुभूतिपूर्ण अवसाद था। श्री पहले भी अकेली थी जब परिवार में थी और आज भी अपने एकान्त में निपट अकेली। श्री को लेकर मेरे अन्तर में एक मौन कथा चल रही थी। मैं बोली–

"अगर श्री जैसे लोग न हों इस दुनिया में तो न कोई कविता हो, न कोई कहानी।"

"ठीक कहा तुमने। फिर भी क्या तुम इनकार कर सकोगी कि पेट खाली हो तो केवल भूख लगती है। यह सब पेट भरों के चोचले हैं–सम्बन्ध वगैरह, वगैरह।" और भी गम हैं जमाने में-- किस्सानवीस बिना वाक्य पूरा किए तिरोहित था। आज उसने मुझे सोचने के लिए भरपूर सामग्री दी थी, फिर भी अनन्तिम न तो विक्रमादित्य ने जाना, न बेताल ने।

कहानियाँ लेकिन कहानियाँ नहीं

•

आर. अनुराधा

नाना-नानी जब भी साथ घर से निकलते—हाट-बाजार, नाते-रिश्तेदार या अस्पताल। नाना आगे चलते जाते बिना एक बार भी पीछे देखे। नानी जैसे एक डोर में बँधी चलती जातीं उनके पीछे-पीछे। नाटी नानी चाहे सुनसान सड़क पर हों या भीड़ के बीच, सब कुछ परे हटाती, ठेलती जैसे बढ़ती जातीं उस भूरी 'चाँद' का पीछा करते हुए। यह उनकी जिम्मेदारी होती कि ताँगे में जुते घोड़े की तरह नजर जमाये रखें और 50 फीट आगे चल रहे तेज चाल नाना का अनुसरण करती जाएँ। दाहिने-बायें दुनिया होती है नानी को नहीं मालूम था। उन्हें मालूम थी तो बस वह बार-बार भीड़ में गुम होती—फिर मिलती चाँद जो पूरे रास्ते उनका एकमात्र लक्ष्य होती, एकमात्र मार्गदर्शक और एकमात्र सहारा भी। 40 साल से ज्यादा उस घर में रहीं वो लेकिन पास के बाज़ार से घर आने का रास्ता उन्हें कभी पता नहीं चला।

एक बार बाज़ार के किसी मोड़ पर नाना मुड़ गये और भीड़ में गुम हो गये। नानी सीधी सड़क चलती गयीं। जब कुछ देर बाद लगा कि गायब हुई चाँद तो दोबारा दिख ही नहीं रही है तो वे बौखला गयीं, डर गयीं। सूखे मुँह, काँपती आवाज में हर किसी से कहती रहीं—"मुझे घर जाना है। मुझे अपने घर जाना है। कोई पहुँचा दो।" उन्हें घर जाना नहीं आता था। कोई आधा घंटा वो उस गहरे समुद्र में फेफड़ा-भर साँस को छटपटाई होंगी। इधर नाना घर पहुँचे और माँ को बोले—"देखो, तुम्हारी माँ बाज़ार में ही कहीं रह गयी। उसे इतना भी शऊर नहीं कि मेरे पीछे-पीछे आती रहे। जाओ उसे ढूँढ़ लाओ।" नाना की बतायी जगह से काफी दूर, बाजार के परले सिरे पर बदहवास नानी को हैरान-परेशान माँ ने पाया। एक-दूसरे को देखते ही दोनों कस कर गले मिलीं और फूट-फूट कर रो पड़ीं।

घर आने पर नानी को सान्त्वना की जगह फिर एक झिड़की मिली मूर्ख, अज्ञानी

होने की। उसके बाद से नानी ने बाजार जाना बन्द कर दिया। घरेलू सामान, साड़ियाँ नाना खुद ला देते। और धीरे-धीरे नानी ने सामान मँगवाना भी छोड़ दिया। और लोग कहते हैं वो पागल हो गयीं।

माँ बड़ी हुई और उनकी भी शादी हुई। शादी तक तो किसी को समझ में नहीं आया, पर शादी के बाद माँ भी सबको पागल लगतीं। एकदम नासमझ थीं वो दुनियादारी को लेकर। अपने पैर की मोच निस्संकोच दादाजी को दिखातीं और उनसे आयुर्वेदिक तेल-मालिश करवातीं। देवरों से खूब खातिर करवातीं। दादी को लगता जरूर कोई जादू-टोना जानती है तभी ऐसे उजड्ड-उद्दंड लड़के भी अपनी भाभी की हर बात झट मान लेते हैं। साइकिल पर उनके पीछे बैठ कर मेला देख आतीं। और फिर एक दिन पता चला उन्होंने साइकिल चलानी भी सीख ली है। दादी बहुत झल्लायीं। लाज-शर्म सब बेच खायी है क्या? दुनिया के सामने हमारी नाक कटा रही है। घर बैठ कर चुपचाप चूल्हा-चौका नहीं होता तुझसे? लेकिन ये नहीं हुआ उनसे, मतलब चुपचाप नहीं हुआ। घर पहुँचने वाली हिन्दी, अंगरेजी-हिन्दी सब तरह की पत्रिकाएँ पढ़तीं, यहाँ कर कि दादाजी की आयुर्वेद की किताबें भी।

बीस-इक्कीस की उम्र में वो अपने पति और सास-ससुर के साथ तिरुपति घूमने गयीं। बस में पहाड़ी रास्ते पर लम्बा सफर। उनके पेट में दर्द उठा जो बढ़ता ही गया। किसी ने ध्यान नहीं दिया, कोई उनके लिए नहीं रुका और उन्हें भी धर्मशाला में अकेले नहीं रुकने दिया गया। मन्दिर के गेट से लम्बी पैदल यात्रा, सब तरफ 'गोविन्दा-गोविन्दा' का शोर, भीड़-भाड़, गर्मी पसीने के बीच गर्भगृह के पास तक आते-आते माँ को अचानक समझ में आया कि वह माँ बनने वाली हैं। वो धम्म से वहीं किनारे बैठ गयीं। दर्द असहनीय हो गया, शरीर सफेद और ठंडा पड़ने लगा, साड़ी भीगने लगी। दादी को समझ में आया तो वो दादाजी के कान में फुसफुसायीं। अब तो कोई वहाँ बैठने नहीं दे सकता था अपना खून बहाती, तिरुपति बालाजी के मन्दिर को अपवित्र करती उस महिला को। और उस हालत में बैठी माँ दर्द की तड़प में दोहरी सी होकर लेट गयीं। किसी ने कहा—पागल हुई है क्या?

तमाशा बन गया। उस हालत में कोई मदद करता, डॉक्टर बुलाता। इसके बजाय कहा गया—पवित्र मन्दिर से निकालो इसे फौरन, सफाई भी करानी पड़ेगी। उन्होंने उठने से साफ मना कर दिया। लेकिन पिताजी और एक अन्य पुरुष ने उन्हें बाजुओं के सहारे उठाया और जबर्दस्ती बाहर ले गये। कुछ देर सुस्ताने के बाद उठ कर चलना ही था। और माँ के साथ जो हुआ वह भले ही उनके साथ पहली बार हुआ लेकिन थी तो आम बात ही।

मन्दिर के मुख्य दरवाजे के बाहर रास्ते में माँ को एक डॉक्टर के नाम का बोर्ड दिखा और वह सीधे अन्दर चली गयी। दादी लाख कहती रहीं कि यह तो पुरुष डॉक्टर है, इसे कैसे दिखाएगी, और यह भी कि सफर में इतने पैसे खर्च करने की क्या जरूरत है। दो दिन बाद घर पहुँच ही जाएँगे, तब वहाँ दाई को दिखवा लेंगे। लेकिन माँ ने किसी की नहीं सुनी। वह डॉक्टर सहृदय निकला। उसने एक लेडी डॉक्टर को बुलवाया और बिना ज्यादा फीस लिए पूरा जरूरी इलाज किया।

घर वापसी पर कुछ दिन शान्ति से बीते। फिर एक दिन दादी को माँ के पैरों की अँगुलियों से चाँदी के मोटे, कीमती बिछुए गायब मिले। ये तो शादीशुदा होने की निशानी हैं। ऐसे कैसे कोई इन्हें निकाल कर रख सकती है। लेकिन बड़ा सदमा तो सबको तब लगा जब माँ ने इसका कारण बताया। वो अपने बिछुए सुनार को बेच आयी थीं। और मिले पैसे उन्होंने तिरुपति के उसी डॉक्टर के नाम मनीआर्डर कर दिए। चिट्‌ठी में लिखा कि रुपये भेजे हैं ताकि उन जैसी तकलीफ की मारी, पैसे से लाचार औरतों का इलाज जारी रखने में डॉक्टर को मदद मिले।

इसके बाद तो जिसने यह किस्सा सुना, एक ही बात कही–"पागल है ये"।

दीदी तो और भी पागल निकली। बचपन से ही, जब भी मौका मिले, कमरा बन्द करके नाचते रहना। हाई स्कूल तक आते-आते वह कालोनी के दुर्गोत्सव आदि में हम बच्चों के सांस्कृतिक कार्यक्रमों के लिए अघोषित, अप्रशिक्षित डांस टीचर-मार्गदर्शक बन गयी। परिवार की लड़कियों में पैंट पहनने (पिताजी की पुरानी हुई) की शुरुआत उन्हीं ने की। भाई की टोका-टोकी। पर उन्हें क्या फिकर। कॉलेज पहुँचने में पर लड़कों के साथ जोड़ी बनाकर भाँगड़े का प्रदर्शन लोगों ने भले ही सराहा पर परिवार में वह पहली थीं ऐसी हरकत करने वाली, जिसके लिए भाई आड़े हाथों लेता–पढ़ाई-लिखाई करो तो काम आएगी। भाँगड़े की रिहर्सल ज़ीरो रूम यानी शून्य नम्बर कमरे में होती थी। कुछ दिनों बाद लोगों ने उस कमरे के दरवाजे पर एक कविता चिपकी देखी–'ज़ीरो रूम'। दीदी इस मामले पर चुप थीं लेकिन और सब एक-दूसरे से पूछते, इस निर्जीव कमरे के दिल का हाल बयान करने वाला यह कल्पनाशील, संवेदनशील अनाम कवि कौन है?

अमृता प्रीतम को ज्ञानपीठ मिला तो घर में एक-के-बाद-एक उनके उपन्यास आने-जाने लगे। उन किताबों के आने-जाने के बीच इतना समय मिल जाता कि मैं भी उन्हें पढ़ कर खत्म कर पाती। बच्चन की 'नीड़ का निर्माण फिर', 'मधुशाला'; आशापूर्णा देवी की 'सुवर्णलता', 'बकुलकथा'; रवीन्द्रनाथ की 'गोरा', 'गीतांजलि'; अमृत राय की 'मानस का हंस', सोल्ज़ेनित्सिन की 'कैंसर वार्ड', दोस्तोएव्स्की की

'अपराध और दंड', हावर्ड फास्ट की 'आदिविद्रोही'... न जाने कितनी और नायाब किताबें उस दौर में अनायास ही मेरे हाथ आती रहीं।

दीदी की शादी होनी थी, एकदम परम्परागत ढंग से, अपने ही मामा के बेटे से। उस समय बेतरह चौतरफा दबाव के बावजूद वे 'न' कह पायीं। सब तरफ की नाराजगियों और विरोधों को जैसे परे धकेलते हुए, नातों-रिश्तों को पीछे छोड़ते हुए वे जीवन पथ पर काफी आगे बढ़ आयीं। छोटा शहर उनके लिए छोटा निकला, इसलिए वहाँ रह नहीं पायीं। घर छोड़ने वाली परिवार की पहली महिला। निकल पड़ीं देश के किसी कोने में अपने वजूद की, अपनी सार्थकता की तलाश में। शायद किसी महानगर के किसी नामी कला महाविद्यालय में प्रोफेसर बन चुके जाने किस कलाकार के साथ। शायद उसी के, जो भाँगड़े में उनका जोड़ीदार था, जिसने कॉलेज में कक्षा के दरवाजे पर अनाम कवि के नाम से दीदी की वह कविता चिपकायी, जो उनके लिए मनचाही किताबें जुटाता, गर्मियों में उनके मनपसन्द जामुन थैले भर-भर कर घर भिजवाता, जो हमारे लिए सुन्दर ग्रीटिंग कार्ड पेंट करता, बैठे-बैठे मिनट भर में कलम की रेखाओं से किसी भी सतह पर हमारा चेहरा देकर देता।

दीदी की वह तलाश-यात्रा खत्म हुई या नहीं, पता नहीं क्योंकि परिवार में उनकी चर्चा का चलन अब खत्म हो चुका है।

टूटना और टूटना

सौ. उमा घाणेकर

पूस की रात। आकाश में तारे ठिठुर रहे थे। शान्ति देवी करवटें बदल रही थीं। नींद आज रात उनसे कोसों दूर जा चुकी थी। आधी रात बीत चुकी थी। फिर भी नींद आने का नाम नहीं ले रही थी। धीरे-धीरे ठण्ड और बढ़ने लगी। ऐसा जान पड़ रहा था मानो खून जम जाएगा। उन्होंने घड़ी की ओर देखा रात के दो बज चुके थे अभी रात काफी बाकी थी। उन्होंने रजाई ओढ़ी और सोने का असफल प्रयत्न करने लगीं। वह रोहन के फोन की राह देख रही थीं।

प्रातःकाल होते-होते वह उठ बैठीं। चाय बनाई और ड्राइंग रूम में आ बैठीं। डॉक्टर ने उन्हें शक्कर के लिए मना कर दिया था। बिना शक्कर की चाय आज ज्यादा ही बेस्वाद लग रही थी। उन्होंने चाय का प्याला मुँह से लगाया और उन दिनों में खो गयीं जब उनकी नयी-नयी शादी हुई थी। उनके पति शहर के जाने-माने डॉक्टर थे। सुहाग रात के दिन ही उन्होंने कहा था "तुम मेरी पसन्द नहीं हो मुझे डॉक्टर लड़की से शादी करनी थी। माँ, बाबूजी के कहने पर यह शादी हुई है।" वह अन्दर से टूट गयी थीं किन्तु उनके संस्कार विचार, परम्परा ने उन्हें बाँध रखा था। वह त्याग और सहनशीलता की मूर्ति बनी खड़ी रहीं। सास-ससुर, देवर-जेठानी को ही परिवार मानकर रहने लगीं। डॉक्टर कमला प्रसाद ने अपने आप को और भी व्यस्त बना लिया था। सुबह से शाम तक ऑपरेशन, मरीज, और नयी बीमारियों के कारण और हल खोजने में बीत जाता। वह रात घर देर से आते और सो जाते या स्टडी रूम में बैठकर पढ़ते रहते थे। बहुत से सवाल वह पूछना चाहती थीं किन्तु पति की तरक्की और ख्याति उन्हें खामोश कर देती थी। शादी एक नितान्त व्यावहारिक अनुबन्ध बन गयी थी जिसे वह फोर्मलिटी की तरह निभा रहे थे।

अन्त में उन्होंने इसका भी हल निकाल लिया था। उन्होंने नौकरी ढूँढ़ ली थी।

आरम्भ में घर से विरोध हुआ। डॉक्टर साहब ने भी जमकर विरोध किया किन्तु धीरे-धीरे सब ठीक हो गया। अब डॉक्टर साहब अपने डॉक्टरी पेशे से पूरी तरह जुड़ गये और वह अपने कार्यालयीन कार्यों से।

किन्तु नियति ने उनके लिए कुछ अलग ही सोचा था। एक दिन डॉक्टर साहब ने घर में बताया कि उनका प्रोजेक्ट जो किसी बीमारी से सम्बन्धित था चुना गया है। इस सिलसिले में उन्हें अमेरिका डेमो देने के लिए बुलाया गया है। इस पर बाबूजी बहुत खुश हुए थे गद्‌गद हो बोले थे...

"बेटा, आज मैं धन्य हो गया हूँ। तुमने इतनी छोटी उम्र में इतनी बड़ी सफलता पायी है। तुमने तो हमारा नाम देश-विदेश में रोशन कर दिया।" जब वह माँ के चरणों में झुके तो उन्होंने उन्हें गले से लगा लिया और बोलीं–

"बेटा, तुम्हारा स्थान चरणों में नहीं यहाँ है। बस! अब एक पोता दे दो।" शान्ति देवी वहीं पास खड़ी थीं। वह धीरे से बुदबुदायीं "जब पत्नी से तन से न मन से जुड़ पाये तो पोता कैसे होगा?" वैसे उन्हें सास ने कई बार सुनाया था। सच तो यह था कि वह पति से कोई रिश्ता न बना पायी थीं। भावनात्मक व शारीरिक दूरी बनी हुई थी। अब तक एकात्मकता स्थापित ही नहीं हुई थी। शादी एक नितान्त व्यावहारिक अनुबन्ध बनकर रह गयी थी।

उस रात डॉक्टर साहब जाने किस नशे में शराब या उन्हें मिली कामयाबी के। स्टडी रूम में न जाते हुए वह शान्ति देवी के बेडरूम में जा पहुँचे थे। उस रात वह डॉक्टर साहब से जुड़ गयी थीं। पता नहीं यह सब कैसे हो गया किन्तु वह फूली न समा रही थीं।

एक दिन उनका जी मचलने लगा। अनुभवी सास की आँखों ने भाँप लिया। वह उन्हें चेकअप के लिए स्त्री क्लीनिक में ले गयीं।

"बधाई हो आप दादी बनने वाली हो" उस दिन से माँ जी स्वयं उनका खयाल रखने लगी थीं। आफिस से छुट्टी ले लो या नौकरी छोड़ दो बहू।" उन्होंने कहा था। जेठ-जेठानी, छोटा देवर सभी उनका ख़याल रखने लगे थे। डॉक्टर साहब ने ज्यादा ध्यान नहीं दिया वह प्रोजेक्ट के सिलसिले में अमरीका चले गये।

होनी को कौन टाल सकता है। लौटते समय डॉक्टर साहब का हवाई जहाज दुर्घटना ग्रस्त हो गया। इस दुर्घटना में डॉक्टर कमला प्रसाद की मौत हो गयी थी। दुःखों का पहाड़ उन पर टूट पड़ा।

अब वह सास-ससुर छोटे देवर के साथ रहने लगीं। हर दिन सास उन्हें कोसती रहती कि उन्हीं के कारण उनके बेटे की मौत हो गयी थी। वह लहू का घूँट पी कर

रह जातीं। इस बीच रोहन का जन्म हुआ। उन्हें छोड़ किसी को भी खुशी नहीं हुई। रोहन अब उनके जीने का सहारा ब़न चुका था।

सास ने छोटे देवर की शादी का बीड़ा उठा लिया। छोटी देवरानी आयी और महारानी बन बैठी। घर में उसी का राज चलने लगा। सास ने उसे सिर आँखों बिठाया, फिर भी उन्होंने उसकी ओर ध्यान नहीं दिया। आफिस और रोहन की दुनिया में वह खो गयीं। एक दिन वह आफिस से घर आयीं तो देवरानी ने उन पर गन्दे आरोप लगाये। वह अन्दर से टूटकर बिखर गयीं। टूट कर बिखरना फिर खड़े होना यह उनकी नियति बन गयी थी।

कुछ ही दिनों में उन्होंने अलग ब्लाक ले लिया। अपनी खिचड़ी अलग पकाने लगीं। सास-ससुर भी चुप्पी लगा गये। वह रोहन के साथ नये ब्लाक में आ गयीं। किन्तु संस्कार और परम्परा के बन्धन में वह बँधी रहीं। सफेद साड़ी में वह आफिस जाती थीं। उनकी आँखों में रुबाब था। कद लम्बा और कमर पतली। रंग साँवला, माथा चौड़ा, नाक सीधी कुल मिलाकर उनका व्यक्तित्व आकर्षक था। कई मोह के क्षण आये किन्तु उन्होंने संयम से उन्हें लौटा दिया। उन्होंने मन को कड़ा किया और रोहन को पालना घर में रखने का निर्णय लिया।

उन्हें याद आया पालना घर का पहला दिन था रोहन का। उन्होंने रोहन की पूरी तैयारी कर दी थी। दूध की बोतल, छोटा नेपकिन उसके खिलौने सब कुछ छोटी बैग में भर दिये थे। पालना घर छोड़ते समय रोहन बहुत रोने लगा था साथ ही उनके भी आँसू बहने लगे थे।

आया ने उन्हें समझाया था--

"शुरू-शुरू में बच्चे ऐसे ही रोते हैं। धीरे-धीरे उनका रोना बन्द हो जाता है।"

उन्होंने मन कड़ा किया था और वह आफिस रवाना हो गयी थीं। आफिस पहुँचने पर भी उनके कानों में रोहन के रोने की आवाज गूँज रही थी। दिल पर पत्थर रख वह आफिस के कार्यों में व्यस्त हो गयीं।

टिफिन की छुट्टी में सहेली ने पूछा था, "रोहन को किसके पास रखती हो? क्या घर पर ही आया रख ली है।"

"नहीं, उन्होंने जवाब दिया। आया का क्या भरोसा? एक दिन आएगी दो दिन छुट्टी मनाएगी।"

"हाँ, यह भी सही है फिर तुमने कौन सी व्यवस्था की?"

"पालना घर।"

'पालना घर! वहाँ तो बच्चों के साथ अच्छा बर्ताव नहीं करते। बच्चों को नींद

की गोलियाँ खिलाकर सुला देते हैं। बच्चे गन्दगी में ही पड़े रहते हैं।"

"नहीं, नहीं ऐसा कुछ नहीं होता आज के पालना घरों में। जो हम नहीं सिखा पाते जैसे समय पर उठना, समय पर दूध पीना, पाटी पर बैठना आदि। वहाँ सभी बच्चों को सिखाया जाता है। अनुशासन की आदत बचपन से ही डाली जाती है। लाड़ प्यार में हम ही बच्चों की आदत बिगाड़ देते हैं।"

सहेली की बोलती बन्द हो गयी। फिर भी मन की भड़ास को निकाल ही दिया...

"यह सब तो ठीक है किन्तु रोहन के फीडिंग का क्या करती हो? इतने घण्टे वह तुमसे दूर रहता है।"

शाम को पालना घर से रोहन को वह ले आयी थीं। आते ही वह उनसे चिपक गया। वह भी उसे गोद में चिपकाये रहीं। रोहन से वह इतनी जुड़ चुकी थीं कि सारी रात रोती रहीं। नया हल ढूँढ़ती रहीं अन्त में पालना घर ही ठीक है। ऐसा सोच कर दूसरे दिन जी कड़ा कर उसे पहुँचा आयीं।

जिस तरह बरसात का जल पृथ्वी में समा जाता है। ऊपरी सतह सूख जाती है किन्तु अन्दर नमी बनी रहती है, उसी तरह रोहन का रोना तो बन्द हो गया था किन्तु माँ का बिछोह उसके अन्दर समा गया था। वह घण्टों बैठा माँ की राह देखता रहता था।

वह उस दिन फिर रोया था जिस दिन उन्होंने उसे अकेले रिक्शा में बैठा दिया था कान्वेंट स्कूल के लिए।

रिक्शावाले से उन्होंने कहा था, "धीरे-धीरे शान्त हो जाएगा।" कहने को तोवहकह गयी थीं किन्तु सारे दिन उसकी सूरत फाइलों में दिखायी दे रही थी।

रोहन ने समझौता कर लिया था कान्वेंट, पालनाघर और घर पर आया यही उसके साथी थे। घर आते ही आया दूध पिला कर चिड़ियों की सीडी टिवी पर लगा देती थी। जो उसे बेहद पसन्द थी साथ ही रुलाती भी थी। सीडी में दिखाया गया था कि चिड़ियाँ अपने बच्चों को अकेला छोड़ दाना इकट्ठा करने चली जाती थीं। बच्चे चोंच खोले चिड़िया माँ की राह देखते रहते थे उसी तरह वह भी अपनी माँ की राह देखता रहता था और अन्दर ही अन्दर रोता था। जब शान्ति देवी ने यह सब देखा तो वह हतबुद्ध रह गयी थीं। पन्द्रह साल इसी तरह गुजर गये।

रोहन अब सफलता की सीढ़ियाँ पर चढ़ रहा था। वह दसवीं बोर्ड में मेरिट में आया। सीबीएससी पाठ्यक्रम में मेरिट में आना आसान नहीं था। उसकी रात-दिन की मेहनत ने उसे यहाँ पहुँचा दिया था किन्तु अब वह अन्तर्मुख ज्यादा ही हो गया

था। वह अपने आपसे लड़ रहा था उसने आखिर समझौता कर लिया था कि यही उसकी नियती है। अब वह माँ के ऊपर निर्भर नहीं था अपनी परेशानियों के हल स्वयं ही ढूँढ़ लेता था। यह सब देखकर वह अन्दर से दरक जाती थीं। बस! रोहन ही उनके जीवन का सहारा है वही उनसे कोसों दूर जा चुका है।

सहेली ने समझाया था "वह यौवन के पायदान पर खड़ा है। इस अवस्था में बच्चे अपनी समस्याएँ हमसे छिपाते हैं।"

वे फिर निश्चिन्त हो गयी।

एक दिन रोहन खुशी-खुशी घर आया और उसने उन्हें बताया कि उसे आय. आय.टी. में प्रवेश मिल गया है। उसके किसी भी सहपाठी को नहीं मिला है।

रोहन प्रोजेक्ट, असाइनमेंट में व्यस्त रहता और घर देर से आने लगा। उन्होंने सुन रखा था कि आजकल कॉलेजों में गर्लफ्रेंड डेटिंग, आदि चलता है। जब उस दिन वो घर देर से आया तो उन्होंने पूछ ही लिया "बेटा, इतनी देर कैसे लगा दी?"

"माँ सवारी नहीं मिली। वह तो अच्छा हुआ कि मेरी गर्लफ्रेंड रास्ते में मिल गयी और उसने मुझे यहाँ तक छोड़ दिया वरना और भी देर हो जाती।" उसने सहज भाव से कहा था।

"गर्लफ्रेंड।"

"हाँ माँ वह मेरे साथ ही पढ़ती है। प्रोजेक्ट, असाइनमेंट सब कुछ हम साथ ही करते हैं।"

माँ बेटे में पहली बार कहा सुनी हुई। रोहन ने उन्हें ऊँची आवाज में सुनाया "अब मैं बड़ा हो गया हूँ सही-गलत की पहचान मुझमें आ गयी है। माँ, मोबाइल, चेटिंग, इंटरनेट, गर्ल फ्रेंड, ये सब अनिवार्य हो गये हैं। उसने उन्हें समझाने की कोशिश की अगर इन सब बातों से हम दूर रहे तो सभ्यता की दौड़ में पिछड़ जाएँगे। माँ आज की पीढ़ी परम्पराओं, रूढ़ियों, और नैतिकता के बन्धन में बँधकर नहीं रह सकती जिस तरह आप रहीं।" उनकी अवस्था काटो तो तो खून नहीं के समान हो गयी। उन्हें एहसास हुआ कि उनका बेटा अतृप्त आकांक्षाओं एवं कामनाओं की दौड़ में शामिल हो चुका है। उसे रोकना अब उनके बस की बात नहीं थी।

माँ ने पूछा "खाने में क्या बनाऊँ?" "कुछ भी बना लो।" रोहन का खाने में ध्यान ही नहीं होता। बर्गर केक, और कोक ही पीता है। "माँ मेरा अन्तरराष्ट्रीय कम्पनी में सिलेक्शन हो गया है।" वह आज फिर बहुत खुश था।

"कैसे हुआ बेटे? तुम अभी तो बी.ई. भी नहीं हुए हो। यही तो अन्तर है माँ

तुम्हारे जमाने और आज के जमाने में। बहुराष्ट्रीय कम्पनियाँ हमारे कॉलेज में आती हैं जो विद्यार्थी होशियार, मेहनती और महत्वाकांक्षी है उसे अपनी कम्पनी के लिए सिलेक्ट कर लेती हैं।"

उन्होंने फैसला कर लिया कि वह रोहन को अमरीका भेजेंगी। वहाँ बिना किसी कुण्ठा के बिना किसी प्रताड़ित पहचान के वह अपनी प्रतिभा से पहचाना जाएगा। रोहन अमरीका रवाना हो गया। उन्हें उसके फोन का इन्तजार रहता। फोन की घण्टी बजते ही उन्होंने कहा, "हेलो रोहन! बेटे कैसे हो? ज्यादा मेहनत मत करना। सेहत का ध्यान रखना। तुम्हारे यहाँ बर्फ गिरने वाली है। स्वेटर मफलर पहनकर बाहर निकलना।"

"माँ में अब छोटा नहीं हूँ जो अपना खयाल न रख सकूँ।"

"हाँ, बेटा और एक खबर थी, अपने पड़ोस की चाची जो बिधवा थी उन्होंने फिर से शादी कर ली। रिश्तेदारों ने उन्हें बहुत भला-बुरा कहा।"

"उन्होंने अच्छा ही किया।" उसने कहा।

"अगर उस समय आपने भी..."

"क्या बकवास कर रहा है?"

"माँ आप नाराज न होइए किन्तु आपने अपने को इस तरह समाज के सामने आदर्श की मूर्ति पेश किया था कि आपको दूसरे रूप में लोग देख ही नहीं सकते थे। उस इमेज को सँभालने में आपने न जाने कितनी परेशानियों का सामना किया। सच बताओ माँ जब नरेन्द्र अंकल हमारे घर आते थे तो आपका अकेलापन दूर होता था। और जब उन्होंने शादी का प्रस्ताव आपके सामने रखा तो उस रात आप सो न पायी थीं। आप अपने को टटोल रही थीं दिल की गहराई में कहीं नरेन्द्र अंकल बसे थे। किन्तु इस रिश्ते को आगे नहीं बढ़ने दिया था आपने। आप अपनी इमेज को समाज के सामने सुरक्षित रखना चाहती थीं। माँ आप समाज और रिश्तेदारों से डर गयी थीं। संस्कारों की जंजीरों ने आपको जकड़ लिया था। आपको मेरा खयाल नहीं आया। मैं कितना अकेला पड़ गया था।

वह नाराज हो उठीं "क्या तू इतना बड़ा हो गया है कि जिन सवालों के उत्तर मैं न दे पाऊँगी उनके जवाब माँग रहा है। मुझे अपनी अदालत में खींचकर मुजरिम साबित कर रहा है।"

फिर हफ्ते के फोन महीनों में आने लगे। उसने दो साल में नौकरी करते हुए एम.एस. कर लिया। अमरीका में पासपोर्ट और वीज़ा प्राब्लेम शुरू हो गये। वीज़ा की तारीख खत्म होते ही उसे भारत लौटना तय हो गया। उसके ऊपर मुसीबतों का पहाड़

टूट पड़ा। अब वह यहाँ से कहाँ जाये? अगर भारत लौट जाता है वहाँ वह क्या करेगा? नौकरी नहीं मिलेगी और अगर मिल गयी तो यहाँ की कमाई से चौथा हिस्सा मिलेगा। यह तो उसकी बहुत बड़ी हार थी।

उसने माँ को फोन किया—"माँ, मैंने शादी कर ली।"

"किससे"

"मेरी से। हाँ माँ, मेरी तलाक शुदा है किन्तु अमरीकन है। उसके सहारे मैं यहाँ बना रहूँगा।"

यह सुन वह स्तब्ध रह गयीं। मानो किसी ने उनके कानों में लोहा पिघलाकर डाल दिया हो। उनके हाथ से फोन छूट गया। आज पूरी तरह वह अन्दर और बाहर से बिखर चुकी थीं।

नया जीवन...नया साथी!

•

डॉ. अरुणा कपूर

...महाबलेश्वर की हरी भरी पहाड़ियाँ...मदहोश कर देती जंगली पेड़-पौधों और फूलों की तीक्ष्ण सुगन्ध!...मन्द गति से, बहती हुई ठण्डी पवन...आहा!..आकाश में उड़ते गगन विहारियों के चहचहाते झुण्ड जो अपने घोंसलों की तरफ रैन बसेरे को जा रहे है!...सामने क्षितिज पर लाल रंग में रँगा हुआ आग का गोला...सूरज!...वाह! ...यह भी मानो दिन भर का थका हुआ अपने घर रैन बसेरे को ही जा रहा है...समय शाम का है और ढलते सूरज की अनोखी झलक देखने को सभी बेताब हैं!... 'अरे ...सोने का गोला ये डूबा...वो..डूबा.....'..इस मन मोहक दृश्य को कैमरे में कैद करने के लिए कई आँखें जमी हुई हैं!....यहाँ देखने वाले भी बहुत बड़ी तादाद में हैं!..

"विकी!...आप यहाँ खड़े हो कर तस्वीर लीजिए!...यहाँ से बड़ी खूबसूरत आएगी!"...वसुधा अपने पति विक्रम सिंह से कह रही है!...विक्रमसिंह, वसुधा से थोड़ी ही दूरी पर, एक बड़े पत्थर पर, गले में कैमरा लटकाए खड़े हैं!

"...वसु!...यहाँ से भी सूरज बहुत सुन्दर दिख रहा है...दो तस्वीरें ले कर अभी ...वहीं आ रहा हूँ!"...विक्रम सिंह ने कैमरा आँखों के पास लाते हुए दो बार क्लिक, क्लिक किया...और पत्थर से कूदते हुए नीचे उतर गये!...अब वे तेज कदमों से चलते हुए वसुधा की तरफ जा रहे थे!

...विक्रम सिंह और वसुधा ने अपनी शादी की पाँचवीं साल-गिरह पिछले महीने ही मनाई थी!...विक्रम सिंह की हालिया उम्र 68 साल और वसुधा की 66 साल की है!...अजीब सा तो जरूर लगेगा कि क्या ये उम्र इनकी शादी करने की थी? ...लेकिन जीवन जिसे कहते हैं, उसका बहाव कभी-कभी सोच से परे का भी होता है...खैर!

...अब इस युगल की बात करें तो देखने में दोनों 60 साल से कम उम्र के ही लगते हैं!...क्या है कि आजकल इतने अच्छे-अच्छे हेअर-डाई आने लगे हैं कि बालों का सफेद रंग न ज़ाने कहाँ छुप जाता है!...और कपड़ों के फैशन में भी युवा और बुजुर्गों के लिए बहुत ज्यादा फर्क तो रहा नहीं है!...जींस-टी शर्ट पुरुषों के लिए और स्त्रियों के लिए सुन्दर, सुन्दर आकर्षक डिजाइन के सलवार कमीज जो चल रहे हैं!...और जींस-टॉप भी पहनने से स्त्रियों को कौन रोक रहा है?...अपनी-अपनी मरजी है!...

...तो इस समय विक्रम सिंह ने ब्ल्यू कलर की जींस और ऑरेंज कलर की टी शर्ट पहन रखी है!...आँखों पर काला चश्मा भी चढ़ा रखा है!...चमचमाते काले जूते पहन रखे हैं! लम्बे हैं...थोड़े से साँवले हैं, लेकिन तन कर चलने की आदत है! ...इससे पर्सनालिटी में चार चाँद लग जाते हैं!...अब वसुधा की तरफ भी देखें तो, इस समय वह सुन्दर डिजाइन की सलवार कमीज पहने हुए है!...दुपट्टा नदारद है लेकिन कन्धे पर बड़ा सा काला पर्स लटकाए हुए है!...और वह कपड़े के जोगिंग करते समय पहने जाने वाले सफेद और काले, मिश्रित रंगों के जूतों से सुसज्जित है!...गोरे रंग की लेकिन मँझोले कद की वसुधा ने काला चश्मा भी पहन रखा है!...इसके हाथ में भी कैमरा है!...वाह!...क्या जोड़ी है!

....सूर्यास्त हो गया!...विक्रम सिंह और वसुधा ने बहुत सी फोटो कैमरे में कैद कर लीं!...सिर्फ सन-सेट की ही नहीं...एक दूजे की भी और आसपास की भीड़ की भी!..,एक जगह, एक बच्चा विक्रम सिंह की गोदी में 'दादाजी', 'दादाजी' कहता हुआ बैठ गया था...उसकी भी बहुत सी तस्वीरें वसुधा ने खींचीं!...उसको जबरदस्ती उसके मम्मी-पापा विक्रम सिंह से अलग कर के ले गये!...तब वसुधा को अपने पोते 'मिंटू' की यकायक याद आयी!...'मिंटू क्या कर रहा होगा इस समय?'...लेकिन जल्दी ही वसुधा सँभल गयी और विक्रम सिंह का हाथ पकड़ कर सट कर चलने लगी!...इस समय दोनों ही चुप हैं!...हवा में ठण्ड की मात्रा बढ़ती जा रही है और इस वजह से दोनों अपने होटल की तरफ जा रहे है; जहाँ ये ठहरे हुए हैं!

"वसु!...कॉफी पी कर कमरे में ही चलते हैं...अभी सवा सात बजे हैं... साढ़े आठ या नौ बजे तक कमरे में ही खाना मँगवा लेंगे!"...क्या खाया है?...अपनी कलाई पर बढ़ी हुई घड़ी की तरफ देखते हुए विक्रम सिंह ने पूछा!

"हाँ!...ऐसा ही करते हैं विकी!...ठण्ड में दुबारा बाहर निकलना भी तो मुश्किल लग रहा है!" ठण्ड से सिकुड़ते हुए वसुधा ने दोनों हाथ आपस में फँसा लिए!"

"तुम शाल या स्वेटर भी तो साथ नहीं लाई हो!.." विक्रम सिंह ने वसुधा की

तरफ देखते हुए कहा!

"अरे!..विकी साहब आपने ही तो कहा था कि महाबलेश्वर में ज्यादा ठण्ड नहीं होती!..."

"मैंने ज्यादा ठण्ड नहीं होती...ये कहा था...बिल्कुल नहीं होती ऐसा तो नहीं कहा था..." ...वसुधा के ठण्डे हाथ अपने गर्म हाथों से दबाते हुए विक्रम ने हँसते हुए कहा!...इस पर वसुधा भी हँस पड़ी!

...इतने में कॉफी आ गयी और दोनों ने अपने अपने प्याले उठा लिए...खाने के लिए रात के नौ बजे का ऑर्डर दे कर दोनों एक दूसरे का हाथ थामे कमरे की ओर चल पड़े...

...अब विक्रम और वसुधा उस होटल के अपने कमरे में आ गये...कमरे में हीटर था...विक्रम ने उसे ऑन कर दिया!...और दोनों पति-पत्नी पलँग पर लेट कर गर्म रजाई में घुस गये!....

...सारा दिन घूमना फिरना हुआ था...और उम्र भी अपना अस्तित्व जता ही रही थी...विक्रम को थकावट के मारे नींद आ गयी और वह सो गया....सोने की कोशिश वसुधा ने भी की...वह भी थक गयी थी...घुटनों में हलका सा दर्द भी महसूस हो रहा था...लेकिन नींद नहीं आ रही थी!...वह धीरे से उठ कर रजाई से बाहर निकल आयी और खिड़की के पास जा कर वहीं रखी कुर्सी पर बैठ गयी!...खिड़की के बन्द शीशे से बाहर का बगीचा नजर आ रहा था!...दूर खम्बे पर लाइट जल रही थी...उसकी मद्धम रोशनी में गमले में लगे गुलाब के फूल बड़े ही सुन्दर लग रहे थे!...अब हवा कुछ तेजी से चलने लगी और गुलाब के फूलों का इधर-उधर डोलना शुरू हो गया ...इधर वसुधा का मन भी डोलता हुआ पीछे जाने लगा...वह धीरे-धीरे 40 साल पीछे चली गयी!

...हेमन्त और वसुधा की शादी अरेंज मैरेज थी!...हेमन्त सरकारी दफ्तर में इंजीनियर के पद पर कार्यरत थे...और वसुधा एम.ए. के बाद बी.एड. कर के एक सरकारी स्कूल में अध्यापिका थी!... हेमन्त की एक छोटी बहन और एक छोटा भाई भी था!...पिताजी अवकाश प्राप्त सरकारी कर्मचारी थे!...यह परिवार संयुक्त परिवार था...हेमन्त का छोटा भाई मेडिकल के फर्स्ट इयर में था और बहन बी.ए. के फायनल इयर में थी!...इस परिवार को नौकरी वाली बहू की ही जरूरत थी और वसुधा को सर्वथा योग्य समझ कर बहू के रूप में इस घर में जगह मिल गयी!

...बहुत अच्छा समय गुजर रहा था!...वसुधा ने इस परिवार को तहे दिल से अपना लिया!...सासू जी थोड़ी गुस्सैल स्वभाव थी....कभी-कभी गुस्से में आ कर

वसुधा को बहुत कुछ सुना देती थी!...वैसे घर का काम और नौकरी भी साथ-साथ करने से वसुधा को परेशानी भी होती रहती थी...लेकिन उसने तालमेल बैठा ही लिया था!...वह अपनी तरफ से पूरी कोशिश करती रहती थी कि घर में सुख-शान्ति और प्यार बना रहे!...पति हेमन्त भी माता-पिता का यथोचित आदर करने वाले पुत्र थे!...वसुधा का देवर धीमंत कुछ मस्तमौला प्रकार का था!...वह अपनी मेडिकल की पढ़ाई पर पूरा ध्यान देता था....लेकिन उसका दोस्तों के साथ घूमना फिरना और जरूरत से ज्यादा खर्चा करना वसुधा को अखरता था!...वह दोस्तों के साथ सिगरेट और शराब भी पीता था...यह बात वसुधा और हेमन्त से छिपी नहीं थी...लेकिन हेमन्त इस ओर ज्यादा ध्यान देते नहीं थे!...वसुधा चाहती थी कि हेमन्त इस बात को गम्भीरता से लें और धीमंत को समझाएँ कि सीधे रास्ते पर चलें और गलत काम ना करें...लेकिन हेमन्त इस पर उलटा वसुधा को ही समझाते थे कि... "धीमंत अभी बच्चा है...थोड़े समय बाद अपने आप ही समझ जाएगा!"

...वसुधा से रहा नहीं गया और उसने सासुजी से इस बारे में बात की!...."बहू! ...तुम अपने मतलब से मतलब रखो तो अच्छा रहेगा!...यह हमारे घर का मामला है!..धीमंत मेरा बेटा है...मैं देख लूँगी कि क्या करना चाहिए और क्या नहीं करना चाहिए!... कभी तुम्हारे पिताजी से कुछ माँगा है हमने?...मेरा बेटा हेमन्त इंजीनियर है...अच्छी तनख्वाह लेता है...उसके लिए तो बड़े-बड़े अमीर घरों से रिश्ते आये थे...लेकिन हम लोग लालची नहीं थे!..तुम्हारी कुंडली के साथ उसकी कुंडली का अच्छा मिलान हो गया... तो हमने तुम्हारा रिश्ता ले लिया...और बेटे की शादी तुम्हारे साथ कर दी!...अब अपनी औकात में रहोगी तो सुखी रहोगी!...धीमंत या मेरी बिटिया चंदा के बारे में कभी कुछ मत कहना हाँ!"

...वसुधा की ननद भी उस समय वहीं पर थी...वह वसुधा का पक्ष ले कर अपनी माँ से कुछ कहने लगी लेकिन... "तुम अभी छोटी हो...ऐसी बातों में अपना सिर मत खपाओ..." कहकर वसुधा की सासुजी ने उसे वहाँ से दफा होने के लिए कह दिया! ...लेकिन वह भी उसी माँ की बेटी थी! कहने लगी..."माँ!...मैं कहाँ से छोटी?...धीमंत से बड़ी हूँ...धीमंत की ऐसी बुरी हरकतों के बारे में भाभी कह रही है...तो बुरा क्या कह रही है?"

...अब जो हो रहा था...होता गया!...धीमंत की रंग-रेलियाँ अब परिवार से छिपी हकीकत तो थी नहीं...वसुधा ने अब चुप्पी ही साध ली थी!...अपनी पूरी तनख्वाह वह शुरू से ही सासुजी को सुपुर्द करती आ रही थी!...उसके पति हेमन्त तो माता-पिता के आज्ञा धारक बेटे थे...वह भी अपनी तनख्वाह माँ के ही हवाले करते

थे!...वसुधा और हेमन्त के पास अपना अलग कोई अकाउंट नहीं था!...खैर!...धीमंत ने एम.बी.बी.एस. पास कर लिया...डॉक्टर बन गया!...साथ ही अपने लिए अपनी सहपाठिनी रंजना से भी घर वालों को मिलवा दिया! रंजना बड़े घर की बेटी थी... धीमंत की शादी पर हेमन्त ने भी खूब खर्चा किया...धीमंत और रंजना को हनीमून पर स्विट्ज़रलैंड भी भिजवाया!...इस परिवार को यह भी याद नहीं रहा कि इसी परिवार की बेटी चंदा ...जो धीमंत से तीन साल बड़ी है और उसकी अब तक शादी नहीं हुई तो....उसकी भी सुधि ली जाए!

...और चंदा ने खुद अपनी सुधि ले ही ली...और धीमंत की शादी के चार ही महीनों बाद एक विजातीय लड़के से शादी भी रचा ली!...सास, ससुर और वसुधा के पति हेमन्त इस शादी से खुश नहीं थे!...वसुधा अब तक एक बेटे की माँ बन चुकी थी!...बेटा हितेश इस समय एक साल का था!....वसुधा ने अपनी ननद की शादी पर न तो खुशी ही जाहिर की...और न तो दुःख ही जाहिर किया!...वह मात्र इस परिवार की एक सदस्य थी!...परिवार की गतिविधियों से उसे कोई लेना-देना नहीं था!

....धीमंत और रंजना परिवार के साथ ज्यादा दिन नहीं रह पाये...और अलग फ्लैट ले कर रहने लगे!...अब वसुधा की सासुजी कुछ नरम पड़ गयी थी!....धीमंत कभी-कभी घर आता था...अकेला ही आता था, रंजना को यहाँ आना पसन्द नहीं था!...एक दिन उसके घर बेटा होने की खुश-खबर दे गया...मिठाई भी दे गया था!...लेकिन किसी को अपने घर कभी नहीं बुलाया!

...वसुधा की ननद चंदा अपने घर खुश थी!...कभी-कभी वह वसुधा से फोन पर बात कर लेती थी!...अब उसके माता-पिता उसे घर बुलाना चाहते थे...लेकिन वह खुद उनसे मिलना नहीं चाहती थी!

...समय गुजरता गया...धीमंत और रंजना अपने बेटे समेत अब लन्दन में जा बसे थे!...धीमंत को अब अपने माता-पिता और भाई भाभी से कोई सरोकार नहीं था! ...शायद वह सोचता था कि उससे कोई पैसे की मदद न माँग ले!

...वसुधा का बेटा हितेश भी पढ़-लिख कर पिता हेमन्त की तरह इंजीनियर बन गया और एक बड़ी मल्टीनेशनल कम्पनी में उसकी नौकरी लग गयी!...हेमन्त रिटायर हो चुके थे!...पहले वसुधा की सास और फिर एक साल बाद ससुर जी का देहान्त हो गया!...धीमंत ससुर जी के देहान्त पर भारत आया था...वह पिता की प्रोपर्टी यानी कि मकान में अपना हिस्सा माँगने आया था!...जानता था कि मकान चाहे पिताजी के नाम पर है...लेकिन पैसा तो हेमन्त और वसुधा का ही लगा हुआ

है...उसने कानूनी दाँव-पेंच लगाये और मकान के दो हिस्से हो ही गये...यह हिस्से मकान बेच कर ही हेमन्त और धीमंत को मिले...इस समय हितेश और उसके चाचा धीमंत का जम कर झगड़ा हुआ!...हेमन्त ऐसे में भी चुप ही रहे!

...बाद में धीमंत तो वापस लन्दन चला गया...और हेमन्त, वसुधा और हितेश किराये के मकान में रहने आ गये!...मकान बेच कर कुछ हजार रुपये जो मिले थे वह हितेश ने अपने नाम बैंक में जमा करवाये!...वसुधा ने उस समय हेमन्त से कहा था कि वह राशि हेमन्त अपने नाम जमा करवाये तो अच्छा रहेगा...लेकिन हेमन्त ने कहा... "हितेश...बेटा तो हमारा ही है...क्या फर्क पड़ता है!"

कुछ समय बाद हितेश की शादी हो गयी!...बहू हेमा ने गृह-प्रवेश किया!... घर में मंगल कार्य हो गया...लेकिन अब हेमन्त की तबियत ज्यादा खराब रहने लगी ...और एक दिन हेमन्त भी इस दुनिया को अलविदा कह गये!...अब उसका बेटा हितेश ही उसका एकमात्र सहारा था!......बहू हेमा अच्छी थी!...एक साल बाद ही पोते 'मिंटू' का जन्म हुआ और वसुधा ने अपना ध्यान मिंटू और घर के कामों की तरफ ही लगा दिया...अब भी कभी-कभी ननद चन्दा का फोन आता रहता था!

...मिंटू बड़ा होता जा रहा था...अब वह पाँचवीं कक्षा में था!..एक दिन हितेश और हेमा ने वसुधा से कहा... "मम्मी...अब मिंटू बड़ा हो गया...अब वह आपके साथ सोए यह ठीक नहीं है...उसको पढ़ाई भी करनी होती है...तो आप..."

"ठीक है...मैं ड्राइंग रूम में सो जाया करूँगी!" वसुधा ने कहा!...वह मन ही मन रो पड़ी थी उस समय!...ये क्या किया हेमन्त ने...मेरे पास कुछ नहीं छोड़ा!...

...कुछ दिनों बाद ड्राइंग रूम से वसुधा का बिस्तर बालकनी में ले जाया गया! ...क्योंकि रोज सोफे पर सोने से कीमती सोफा खराब होने लगा था!

....वसुधा का काम खाना बनाना, मेहरी के छुट्टी करने पर बर्तन-झाड़-पोंछे करना, कपड़ों की धुलाई करना और छोटी-मोटी चीज-वस्तुएँ बाजार से लाना ही रह गया था!... वसुधा को कभी-कभी जोरदार खाँसी हो जाती थी!...खाँसते-खाँसते उसका हाल बुरा हो जाता था!...

"मम्मी!...न्यूडल्स खत्म हुए हैं!...मिंटू को कितने पसन्द हैं!...वह सो रहा है...आप अभी जा कर ले आइए!...वो रहा 50 का नोट!...वहाँ खिड़की में रखा है!...बाकी पैसे सँभाल कर ले आना!"...बहू हेमा टी.वी.की तरफ देखते हुए कह रही थी... कोई सीरियल आ रहा था!...साथ में वह खाना भी खा रही थी!...आज मिंटू के स्कूल की छुट्टी थी; वह घर पर ही था!

...और वसुधा 50 का नोट लेकर निकल पड़ी! ...थोड़ी दूरी पर जाकर उसने सड़क पार की!...पास ही में एक दूकान थी जहाँ न्यूडल्स मिलते थे!...अरे लेकिन सड़क पार करते हाथ से 50 का नोट गिर गया...ये क्या हुआ!

...वसुधा ने पीछे मुड़कर देखा...सड़क के बीचोबीच नोट पड़ा हुआ था...

"अब?...अब वहाँ जाकर उठाना तो पड़ेगा ही!...और सड़क पर वाहन भी चल रहे हैं...वैसे दोपहर का समय होने से भीड़ थोड़ी कम है..." वसुधा मन में सोच रही थी और धीरे-धीरे सड़क पर आगे बढ़ रही थी...कहीं से कोई वहाँ नहीं आ रहा था...वसुधा नोट के पास पहुँच गयी...झुक कर नोट उठाने लगी तो हॉर्न की आवाज कान में गूँजी!...वह डर गयी!...वहीं खड़ी हो गयी!...उसके पास एक काले रंग की बड़ी सी कार रुकी हुई थी!...वह फिर झुक कर नोट उठाने लगी...उसे कुछ सूझ ही नहीं रहा था!

...रुकी हुई कार का पिछला दरवाजा खुला और एक बुजुर्ग व्यक्ति बाहर निकला!...वह वसुधा के पास आया और बोला...

"...अरे! आप?...वसुधा जी?"

"कौन?"...वसुधा अब ध्यान से उसकी तरफ देखती हुई बोली!

"...आप?...विक्रम सिंह जी?"...अब वसुधा ने उसे पहचान लिया!

"...आइए...कार में बैठ कर बातें करते हैं...कहाँ जा रही हैं आप इतनी धूप में?...क्या ये आपका नोट गिरा हुआ है?"...विक्रम सिंह ने झुक कर वह नोट उठाया और वसुधा के हाथ में दिया!

"नहीं...मुझे कुछ खरीद कर घर जाना है...विक्रम जी!"

"...नहीं होगी देर...आइए तो..." विक्रम सिंह ने कहा और वसुधा ना न कह सकी!...वह कार में बैठ गयी!

...अब वह विक्रम सिंह के साथ एक रेस्तोरां में थी!...विक्रम सिंह एक कांट्रेक्टर था और एक, दो बार वसुधा के पति हेमन्त के साथ उसके घर भी आया था!...वसुधा को याद आया...धीमंत की शादी में भी वह आया था!

"...हेमन्त जी के निधन पर भी मैं आया था...शायद आपको पता नहीं होगा!" ...विक्रम सिंह ने कहा!...इस पर वसुधा कुछ नहीं बोली!

"धीमंत कहाँ है आज कल?" विक्रम सिंह ने पूछा और वसुधा की आँखें डबडबायीं!...उसने सब कुछ विक्रम सिंह को बताया...कोई तो ऐसा हम दर्द था जो उसे कुछ पूछ रहा था!..विक्रम सिंह ने अपने बारे में भी बताया कि चार साल पहले

उसकी पत्नी कैंसर से मृत्यु का ग्रास बन गयी!...दो बेटे हैं, जो विदेश जा बसे हैं... साल-दो साल में कभी-कभी मिलने आते हैं! ...पिता को अपने साथ रखने के लिए राजी नहीं हैं...और न तो विक्रम सिंह अपना देश छोड़ कर वहाँ जाने के लिए तैयार है!

...बहुत बातें हुईं और विक्रम सिंह ने अपना विजिटिंग कार्ड वसुधा को थमाया! ...दिल्ली की पाश कॉलोनी में विक्रम सिंह का अपना आलीशान बँगला था...कार, ड्राइवर सब कुछ तो उसके पास था...बिजनेस में वह इस उम्र में भी सक्रिय था...इस समय किसी मीटिंग से वापस आ रहा था और अचानक से वसुधा से मुलाकात हो गयी!...विक्रम सिंह के जीवन में भी पत्नी के निधन के बाद खालीपन था!...अपने आपको काम में व्यस्त रखकर वह खालीपन भरने की कोशिश कर रहा था!

...न्यूडल्स का पैकेट लेकर वसुधा घर पहुँची!...इतनी देर कैसे लग गयी?...पूछ कर हेमा ने बहुत कुछ उलटी-सीधी भी सुना दी!...लेकिन वसुधा ने "बस!...हो गयी देर!" इतना ही जवाब दिया अब उसका मन हलका हुआ था...बहुत दिनों का मन पर पड़ा भारी बोझ मानो उतर गया था!...थोड़ी देर बाद ननद चंदा का भी फोन आया और वसुधा प्रफुल्लित हो गयी!

...लेकिन उसकी मुश्किलें कम होने का नाम नहीं ले रही थीं!...बहू और अब बेटा भी उसे बात-बात में अपमानित कर रहे थे...मानो वह अब उनके ऊपर बोझ बनती जा रही थी!...एक दिन बात बहुत बढ़ गयी और वसुधा को बेटे ने कह दिया कि...

"माँ!...पिताजी तो चले गये तुम अब तक बैठी हुई हो...हमें चैन से जीने भी नहीं दे रहीं!...अगर तुम्हारा कहीं ठिकाना होता तो तुम्हें वहाँ भेज देता...लेकिन हमारा नसीब ही ऐसा है कि!..."

...इसके बाद वसुधा से रहा नहीं गया....शाम के समय घर छोड़ कर विक्रम सिंह के घर उसके दिए हुए पते पर चली गयी!...कितना बड़ा कदम उठाया वसुधा ने! ...उसने जीवन से हार मान कर आत्महत्या की सोची भी नहीं!...माता-पिता और सन्तान, पति और पत्नी, भाई-बहन...सभी रिश्ते पहले वाले रहे नहीं हैं...जिसकी लाठी उसकी भैंस...याने कि जिसके पास पैसा है उसकी समाज में इज्जत बनी हुई है...अच्छाई और भलाई का गुण मनुष्यों में मौजूद है...लेकिन उसकी अहमियत कम हो गयी है!...भरोसा सिर्फ अपने आप पर ही मनुष्य कर सकता है!

...विक्रम सिंह और वसुधा...दोनों को साथी की जरूरत थी...दोनों ने एक-दूसरे

का साथ देने का फैसला ले लिया...अपने रिश्ते पर शादी की मोहर भी लगवा ली...इन दोनों ने समाज और रिश्तेदारों की बिल्कुल ही परवाह नहीं की!

...दरवाजा 'नौक' करने की आवाज आयी...होटल का वेटर खाना ले कर आया था...विक्रम सिंह भी जाग गये...और इस युगल ने मिल कर खाना खाया!

"वसु!...अब अगली बार माउंट आबू जाने का प्रोग्राम बनाते हैं...वहाँ का सन-सेट भी कहते हैं बहुत सुन्दर होता है!"...विक्रम सिंह कह रहे थे...वसुधा मन में सोच रही थी...आपस का प्यार ही रिश्तों में मजबूती भर देता है...ऐसे सुन्दर रिश्तों के माध्यम से जीवन सन्ध्या में अगर सुख मिल रहा है तो...'सूर्यास्त भी सुन्दर होता है!'

अनजाने रिश्ते

•

संगीता बाजपेयी

"सुधा, अपनी माँ को दूध पिला दे। वह दो घण्टे यदि सो लेगी, तो फिर रात को जाग-जागकर मुझे तंग नहीं करेगी। बिल्कुल बच्चों जैसी हरकतें करती रहती है। जब से खाट पकड़ी है, रात को जागती है और पूरे दिन खर्राटे मारकर सोती है। कल रात तो उसने बिस्तर पर ही पेशाब कर दिया था। अब मैं कहाँ जगाता तुझे...? इसलिए वैसे ही गीले में पड़ा रहा। देखो, अब सर्दी हो गयी है मुझे...। सुधा, आज फैक्टरी से लौटते समय जरा वह आयुर्वेदिक सिरप लेते आना, वरना यदि सर्दी बढ़ गयी तो बहुत परेशानी हो जायेगी।"

"अरे नानाजी, आप किससे बातें कर रहे हैं?" बबली-पिंकी ने एक साथ, एक स्वर में पूछा।

"तुम्हारी माँ से।"

"मगर माँ तो घर पर है ही नहीं...।"

"नहीं है? वह कहाँ है? शायद बाजार गयी होगी...।"

"नहीं, अभी फैक्टरी से लौटी ही नहीं।"

"क्या? फैक्टरी से आयी नहीं अभी तक? कितने बज गये...?"

"11 बज गये और अभी तक नहीं आयी...?"

कुछ देर खामोशी रही। फिर नाना जी बड़बड़ाये... "तुम बच्चियों को कितनी बार समझाया है कि अपनी माँ को तंग न किया करो। पहले से ही बेचारी परेशान है, ऊपर से तुम दोनों कभी पेंसिल कभी चाकलेट की डिमांड करती रहती हो, देखती नहीं हम सबका बोझ वह अकेले ही उठाती है। आज सुबह ही वह भड़क कर घर से निकली थी, कहती थी... मैं चली जाऊँगी, फिर कभी वापस नहीं आऊँगी, फिर तुम लोग अपनी-अपनी फरमाइश करते रहना।"

नानाजी बोलते-बोलते रुक गये। शायद कुछ याद आ गया हो...। वे घबरा उठे ... अपने मकान में चहल-कदमी करने लगे। जैसे कोई कीड़ा उनके दिमाग को काट रहा हो। इस चहल-कदमी के दौरान, उनका पैर बबली की ड्राइंग पर पड़ गया जिसमें वह रंग भर रही थी...और पूरा रंग ड्राइंग कॉपी पर फैल गया।

"उफ्फ! ये क्या किया नानाजी आपने? ये मेरे स्कूल का प्रोजेक्ट था...यदि कल सबमिट न किया तो स्कूल वाले मुझे स्कूल से निकाल देंगे। पहले ही फीस न भरने की दो वार्निंग दे चुके हैं: और अब मेरे पास रंग भी नहीं बचे। माँ ने तो पहले से ही मना कर रखा है कि वे हमारी जरूरतें पूरी नहीं कर सकतीं क्योंकि आजकल चीजें बहुत महँगी हो गयी हैं... और सारी यूनिफार्म में भी रंग फैल गया है। अब मैं क्या करूँगी?..." कहकर बबली रोने लगी। बाकी दोनों बच्चियाँ भी देखा-देखी रोने लगीं।

लेकिन नानाजी तो जैसे उसकी शिकायतें सुन ही नहीं रहे थे... वे अपने ही विचारों में खोये हुए थे।

इन दिनों सुधा पर घर-गृहस्थी का ज्यादा ही भार आ गया था। बच्चियों की बढ़ती उम्र ऊपर से पढ़ाई का खर्च साथ ही सुधा की माँ की ये बीमारी। रोज कोई न कोई टेस्ट करवाने हॉस्पिटल में ले जाना पड़ता।... और दवाइयों के दाम... बेहिसाब बढ़ रहे हैं... जिसे देखो मन-मर्जी का दाम लगा रहा है... कोई रोक-टोक बगैर... महँगाई अपनी चरम सीमा पर है। लगता है देश बिना सरकार के चल रहा है... बे-लगाम घोड़े की तरह।

उस पर आज सुधा धमकी देकर आयी है...। कहीं सुधा सचमुच घर छोड़कर चली गयी तो...? तब इन बच्चियों की देखभाल कौन करेगा? कौन सुधा की माँ का इलाज करवायेगा? कौन सारे खर्चे वहन करेगा?

'मैं अकेला यह सब कैसे कर पाऊँगा? कोई न कोई रास्ता तो निकालना ही पड़ेगा...' सोचते-सोचते उसका ध्यान घड़ी की ओर गया, उसमें रात के बारह बज चुके थे और बच्चियाँ थक कर फर्श पर ही सो गयी थीं।

उधर नाना-नानी पार्क में बैठे-बैठे सुधा को न जाने कितने घण्टे बीत चुके थे। आज सुबह-सुबह घर का खाना पकाकर, घर की सफाई कर, बच्चियों को नहला-धुलाकर तैयार करके स्कूल छोड़ा था...। साथ ही सुबह-सुबह ही पिताजी ने माँ के नये टेस्ट की एक बड़ी लिस्ट थमा दी थी। बस, मकान मालिक से एविक्शन नोटिस आना बाकी था। उसी समय माँ बिस्तर में ही मल-मूत्र करके चिल्ला रही थी। दरवाजे से उसे उलटे पाँव लौटना पड़ा था। फैक्टरी जाने में देर हो रही थी। मगर उसे आशंका

थी कि कब तक वह रो-गिड़गिड़ाकर अपने मैनेजर को मना पायेगी और देर से पहुँचने पर सैलरी कटने से बचा सकेगी? आखिर आज का समाज तो बस पैसों के रिश्ते को ही जानता था। एक न एक दिन उसे अपनी नौकरी से हाथ धोना पड़ेगा।... और हुआ वही जिसकी उसे आशंका थी।

दरअसल उसकी फैक्टरी होलसेल रेडीमेड गारमेंट्स का एक्सपोर्ट करती थी। अमेरिका से थोक आर्डर लेती, सस्ते में माल बनाती और एक्सपोर्ट करती। लेकिन इधर कुछ वर्षों से एक्सपोर्ट-पॉलिसी के बदलने और भारी कम्पटीशन की वजह से आर्डर किसी चीनी कम्पनी को मिल गया।...और उन्होंने अपनी मैनुफैक्चरिंग यूनिट बन्द करने का फैसला लिया। चीन की सरकार उन्हें टैक्स में काफी छूट देती थी और एक्सपोर्ट पर सब्सिडी भी जिसकी वजह से उनका गारमेंट विश्व में सबसे सस्ता होता था। काश हमारी सरकार भी टैक्स में छूट देती... पर अमीरों व गरीबों में रिश्ता बनाये रखने वाली बीच की कड़ी यहाँ की सरकार गरीबों पर ध्यान कहाँ देती है, वह तो केवल अमीरों की सुख-सुविधा का ख़याल रखती है...

फैक्टरी पहुँचने पर सुधा को पता लगा कि लगातार घाटा होने पर फैक्टरी में छँटनी कर दी है जिसमें उसका भी नाम था...

कहते हैं गरीबी में आटा गीला। वह स्तब्ध रह गयी... न रो सकती थी न कुछ विरोध कर सकती थी। उसे सूझ नहीं रहा था कैसे अपने छह लोगों के परिवार को चलाए? अपनी किस्मत पर अफसोस जताना सुधा ने छोड़ दिया था तब से जब उसकी तीसरी बेटी हुई थी और उसके पति ने उससे मुँह मोड़ लिया था...। हमारे समाज में कन्या का जन्म होने से घर में लक्ष्मी आती है यही मान्यता है, पर आज के समाज में रिश्तों की परिभाषा कुछ-कुछ बदली हुई सी है। जब से दहेज की प्रथा चली है, लगता था उसके पति का रिश्ता सिर्फ उसके पैसों से बन गया था, न तो पिता की जिम्मेदारी याद रही न पति का फर्ज। उपभोक्तावाद का लालच दीमक की तरह खाये जा रहा था, और उनका घर उसी चपेट में आ गया। प्रताड़ना, दोषारोपण, मारपीट और अत्याचार ने हद की हद पार कर ली। काटो तो खून नहीं, रोये तो आँसू नहीं, जैसे उसके सारे आँसू सूख गये थे। वह तीनों बच्चियों को लेकर अपने मायके आ गयी। पर यहाँ तो हालात और भी नाजुक थे। माँ की जानलेवा बीमारी, पिता अपने बुढ़ापे और आँखों से लाचार... स्मृतिभ्रम से भी पीड़ित। पर करती क्या? कहाँ जाती?

गारमेंट फैक्टरी में 16-16 घण्टे काम करने लगी। पर आज वह सहारा भी छूट गया। नून-तेल-लकड़ी जुटाना ही राम से काम था, ऊपर से माँ-बाप का भार...

इन्हीं विचारों में डूबी वह फैक्टरी के सामने वाले पार्क की बेंच पर बैठ गयी और पुनः विचारों की धुन्ध में खो गयी। विचारों की शृंखला फिर शुरू हो गयी...

ऐसा नहीं कि उसने अपनी परिस्थिति सँभालने की कोशिश नहीं की। उसने वृद्धाश्रम जाकर अपने माता-पिता की देख-रेख की बात की भी थी, पर उन्हें भी सिफारिशी पत्र चाहिए था, उसके पास वृद्धाश्रम आने-जाने के पैसे नहीं थे, तो कहाँ से लाती सिफारिशी पत्र? सोचते-सोचते उसका दिमाग शून्य होने लगा। उसने सोचना बन्द कर दिया। वहीं भोर ढलने के बाद भी बैठी रही। नभ पर एक कतार में घर की ओर लौटते पंछियों को देखते हुए भी एक अनभिज्ञ, अज्ञात आकाश में खोयी सी।

उसके सामने उसकी पूरी जिन्दगी पड़ी थी। अपनी बच्चियों का यह हश्र नहीं देखना चाहती थी... इसी उधेड़बुन में उसे वक्त का जरा भी अन्दाजा नहीं रहा। क्यों वह उत्पीड़न, तनाव और बदलते समाज के नये रूप को झेलने में असमर्थ हो रही थी? क्या वो अकेली थी जो ऐसा सोच रही थी?... या औरों में उससे अधिक क्षमता थी बरदाश्त करने की? बदले हुए इस समाज के चेहरे को स्वीकार कर आगे का रास्ता क्यों नहीं खोज पा रही थी? अचानक उसका मस्तिष्क कुछ अलहदा सोचने लगा... कुछ नकारात्मक...

महँगाई की मार! उसे ही क्यों न मार डाले? हाँ, मार डालना... उसके मस्तिष्क में एक नकारात्मक लहर उठी... अपने आपको मार दूँगी। फिर बच्चियाँ?...? बच्चियों के साथ आत्महत्या कर लूँगी। नहीं। मैं ऐसा क्यों करूँ? उसे जो कष्ट झेलना था, झेल चुकी, पर उसकी बच्चियों ने तो अभी दुनिया नहीं देखी है। उसे अब कोई न कोई कठोर निर्णय लेना होगा... अपने लिए न सही, अपनी बच्चियों के लिए। माँ तो आज नहीं तो कल ऊपर चली जायेगी, पिता भी स्मृतिभ्रम के शिकार... उन्हें कहीं दूर ले जाकर छोड़ देगी... देखा जायेगा... एक पाप सही। पर करें क्या? बच्चों के लिए तो कुछ करना ही पड़ेगा भले माँ-बाप को वह...!

वह विचलित हो उठी। सोचते-सोचते वह ये क्या सोच गयी? इसका भी नियन्त्रण नहीं रहा उसे...? यह वह क्या सोच गयी? इतनी नकारात्मक बातें? शायद झुँझलाहट से वह अपना मानसिक सन्तुलन खो रही थी... क्या माँ-बाप के साथ रिश्ते इतने बदल गये? वह स्वार्थी हो गयी... नहीं... वह स्वार्थी नहीं...

उन्हीं की उँगली पकड़ उसने चलना सीखा था। उसे याद है उसकी विदाई पर कैसे उसके माँ-बाप ने अपनी सारी जमा-पूँजी न्यौछावर कर दी थी... अपनी बेटी पर। वह भी तो अपने बेटियों के लिए ही सोच रही थी... हर माँ-बाप अपने बच्चों के

लिए सोचते हैं... तो क्या हर माँ-बाप स्वार्थी हैं? नहीं, उसे अपनी औलाद के लिए सोचना ही होगा...

मन में कुछ निश्चय कर बेंच से उठकर तेज रफ्तार से घर की ओर चलने लगी।

और इधर, घर में नानाजी की चहलकदमी बढ़ रही थी। मन-मस्तिष्क में बवंडर मचा था। कहीं सुधा ने कुछ कर तो नहीं लिया? स्वार्थी... यह शब्द उनके कानों को कचोट रहे थे। वह भी कितने स्वार्थी हैं... सुधा को सहारा देने की बजाय उस पर ही बोझ बन गये?

बचपन में सुधा को छोटी सी भी चोट लग जाने पर जब उसे तकलीफ होती, तो दर्द उन्हें ही होता था, आज भी होता है।

एक तो बेचारी खुद के दुःख से दुःखी, पति मिला तो स्वार्थी, ससुराल में भी उसे सुख नहीं मिला। माँ-बाप के घर आयी तो सबका बोझ उठाना पड़ा। जब उस पर मानसिक विपदाओं का पहाड़ टूटा हो, क्या रिश्ते इतने खोखले हो गये कि एक-दूसरे की परेशानी में मदद न की जाए? हम यदि उसकी मदद नहीं कर सकते तो उसका बोझ तो हलका कर सकते हैं।

हाँ, उसका बोझ हलका कर सकते हैं... मरकर। मैं आत्महत्या कर लूँगी। आखिर अपनी औलाद के लिए सोचना ही होगा... हर माँ-बाप अपने बच्चों के लिए सोचते हैं...

सोचते-सोचते उनकी निगाह बिस्तर पर गहरी नींद में सो रही सुधा की माँ पर पड़ी। कितनी शान्ति से सो रही है... इसे तो कोई चिन्ता ही नहीं। अचानक उनके मन में ख़याल आया... यदि इसकी यह नींद और भी गहरी हो जाए...? कभी खुले नहीं तो और अच्छा होगा... उनके मन में कौंधा... सारा झंझट तो इसी की वजह से है... उनके होठों पर एक विद्रूप हँसी दिखायी पड़ी।

मेरे आत्महत्या करने से सुधा को सुकून नहीं मिलेगा... मैं कुछ तो उपयोगी हूँ। आज के समाज में रिश्तों की परिभाषा भी यही हो गयी है... जो जिसके लिए जितना उपयोगी, वही उसके लिए उतना सगा। तो यही अच्छा होगा यदि वह शख्स इस दुनिया से जाये जिसकी यहाँ कोई जरूरत नहीं।

...और उन्होंने अपनी पत्नी को उस नजर से देखा जैसे वह आखिरी बार उसे देख रहा हो। उसे मीठी नींद सुलाने के लिए इधर-उधर देखने लगा और हाथ में एक तकिया उठा ली।

...तभी दरवाजा खुला और सुधा अन्दर दाखिल हुई। वह जल्दी से तकिया को छुपाने लगा... और घबराकर बोला, “अरे सुधा, तुम आ गयीं? मैं तो... मैं तो... तेरी

माँ जाग रही है कि सो गयी यही चेक कर रहा था, जरा तू देख लेना कि उसे कुछ जरूरत तो नहीं... मुझे भूख लगी है, मेरे लिए खाना परोस देना।"

यह सुनते ही पहले से जो ज्वालामुखी सुधा ने अबतक दबाकर रखा था, फूट पड़ा।

"जरूरत कैसे होगी? मैं जो हूँ आप लोगों की हर जरूरतें पूरा करने वाली। आपने यह तक पूछना जरूरी नहीं समझा कि बेटी पूरी रात कहाँ थी...? बस, हुकुम करना शुरू कर दिया।"

सुधा को लग रहा था कि वह कई जंजीरों में एक साथ जकड़ दी गयी है। वह कभी जीते-जी मुक्त नहीं हो सकती। वह तो इन रिश्ते-नातों की कैदी है, बंदिनी है।

"मैंने अबतक बहुत कुछ सहा है, अब मैं केवल आजादी चाहती हूँ। पहले पति की जरूरतों के लिए जीती रही, फिर पिता की... अब मैं आजादी चाहती हूँ।"

"... आइये पिताजी, हम खुली हवा में थोड़ा सा टहल आते हैं।"... और पिताजी का हाथ पकड़ वह चल पड़ी... सुधा ने अपने पिता का हाथ पकड़कर उन्हें वहीं बेंच पर बिठा दिया जहाँ उसने पूरा दिन बिताया था... कुंठा में, पीड़ा में, लाचारी में, बेबसी में, क्रोध में।

उनकी नजरों से नजर मिलाने की हिम्मत नहीं थी उसमें, इसलिए अपना गरम शाल उन्हें उढ़ाते हुए बोली, "आप यहीं बैठो, मैं अभी आयी।"

... और बिजली से भी तेज रफ्तार से लुप्त हो गयी। आत्मग्लानि से उसकी आत्मा उसे कचोट रही थी।... और घर पहुँचते ही वह निर्जीव, निस्तब्ध, निढाल बिस्तर पर गिर पड़ी। उसने एक और फैसला लिया--घर छोड़ देने का। माँ को लिए बिना। वह झटपट अपने और बच्चियों के कपड़े समेटने लगी।

तब तक भोर हो चुकी थी... पंछी चहक-चहक कर एक नयी सुबह का ऐलान कर रहे थे। एक ऐसी सुबह जहाँ परिस्थितियों के दबाव में आकर अपने खून के रिश्तों को अलविदा न कहना पड़े। हमसे तो उन पंछियों की दुनिया ही बेहतर है जहाँ कोई रिश्ते ही नहीं निभाने पड़ते हैं। उसने नये रास्ते पर कूच करने की ठानकर आखिरी बार अपनी लाचार माँ को बिस्तर पर करवट बदलते देखा... जिसने फिर बिस्तर गीला कर दिया था। और मन ही मन अलविदा कहकर घर से बच्चों को लेकर निकलने ही वाली थी कि पड़ोस के लड़के ने उसे आकर बताया कि उसका फोन आया है। वह भय से काँप उठी... कहीं किसी ने उसके पिता को ढूँढ़ तो नहीं लिया? वह फोन नहीं लेने वाली थी फिर सोचा रांग नम्बर कहकर रख देगी। मगर फोन

पर सामने से अति प्रसन्न आवाज़ ने उसके कानों में मिस्री घोल दी...

"मैडम सुधा? मैं आपकी फैक्टरी का मैनेजर बोल रहा हूँ। मुझे आपको एक खुशखबरी देनी है। हमें बड़ा खेद है कि हमने आपको बिना नोटिस दिये निकल जाने को कहा। हमारी परिस्थितियाँ ही कुछ ऐसी थीं। मगर खुशी की बात यह है कि अब आपको कहीं जाने की जरूरत नहीं। हमारी समस्या हल हो चुकी है। आप फैक्टरी आ जाइए।"

फैक्टरी में जहाँ कल मातम छाया था वहाँ आज लोग खुशियाँ मना रहे थे। मस्ती का आलम था। पता चला कि सभी छँटनी किये गये कर्मचारियों को पुनः बहाल कर लिया गया है... कारण कि उनकी और चीन की फैक्टरी के बनाये गारमेंट्स को अमेरिका में काफी पसन्द किया गया, सस्ते के हिसाब से चीन के और क्वालिटी के हिसाब से भारत के... और बोनस का भी ऐलान किया गया। किन्तु चीन के मजदूरों ने बोनस भारतीय फैक्टरी के मजदूरों से शेयर करने की घोषणा की, यह कहकर कि दुनिया के सब मजदूर एक हैं। हम किसी मजदूर की छँटनी नहीं चाहते। आज के बदले सामाजिक रिश्तों में हम सब मिल-जुलकर काम करेंगे। किसी के पेट पर लात नहीं मारेंगे।

...और फिर छँटनी किये गये लोगों को वापस बुला लिया गया।

सुधा अवाक् रह गयी। उसकी आँखें भर आयीं। आज जब दुनिया के लोगों के मन में मिल-जुलकर रहने की प्रवृत्ति जाग रही है, एक-दूसरे को समझ रहे हैं, महसूस कर रहे हैं, एक-दूसरे की सहायता कर रहे हैं, वहाँ मैंने यह क्या कर दिया...?

सबसे मजबूत और पवित्र बन्धन को अकेला छोड़ आयी।

वह पार्क में भागी-भागी गयी जहाँ पिता को बेंच पर बिठाकर आयी थी... पर पिताजी वहाँ नहीं थे। उसका कलेजा मुँह में आ गया। वह बेसुध-सी चिल्लाने लगी... पिताजी, पिताजी...

फिर देखा पिता बेंच के नीचे सिकुड़े पड़े थे। उन पर उढ़ाये शाल पर कुछ पैसे भी पड़े थे। शायद इंसानी रिश्तों की गन्ध ने लोगों के हृदय को पिघला दिया हो। उसने पिताजी को झकझोरा। पिताजी आँख मलते हुए उठे। वह रो पड़ी। पिताजी बुदबुदाये... "अरे, माँ की चादर बदलनी है।"

वह उन्हें घर लेकर आयी।

अब तक माँ भी उठ चुकी थी। बच्चियों ने नानी की सफाई कर दी थी। नानी का चेहरा दमक रहा था। शायद कह रही हो... "देखा सुधा, बेटी ने न सही नातिनों ने तो रिश्ता निभाया। रिश्ते निभाये जाएँ तो मन को सुकून मिलता है।"

परिवर्तन

•

शारदा बालसुब्रह्मण्यम

दरिया के किनारे बैठी वह आसमान के बदलते रंग को देख रही थी। बरसात की शाम थी। नारंगी और नीले रंग में सफेद रंग कहीं ओझल हो गया था। ऐसा लग रहा था कि आसमान रंगों की होली खेल रहा था।

प्रीति आँखें झुकी पानी को देख रही थी। हर शाम की तरह वह भी एक खूबसूरत शाम थी। पर आज दरिया के किनारे सन्नाटा था। ना बच्चों का शोर था न महिलाओं की कचहरी। पंछियों का चहकना तक उसके कानों में नहीं पड़ा। दरिया के किनारे मीलों दूर तक नारियल के पेड़ झुकते-झुकते पानी को हलके से छू रहे थे।

प्रीति अपनी काली परछाईं को पानी में देख रही थी और तैरती हुई माचीलयों से उँगली लड़ा रही थी। एक अजीब सी सुकून थी इन छोटी बातों में। बारिश के बाद गाँव की सुन्दरता बढ़ जाती थी। माहौल ही कुछ ऐसा था कि प्रीति को वक़्त का पता ही नहीं चला। बहुत दिनों के बाद इस अकेलेपन में खो गयी थी। जब आसमान गहरे नीले रंग में डूब गया और जब चाँद निकल आया, दरिया को आखिरी बार देखकर प्रीति घर की तरफ चल पड़ी।

केरल के एक छोटे गाँव में रहने वाली प्रीति, अपने माता, पिता, और बहन के साथ रहती थी। प्रीति घर में अपनी माँ के साथ रसोई में काम करती थी। वह अपने पिता से थोड़ी डरती थी, लेकिन अपनी मुस्कराहट से उनका भी दिल जीत लेती थी।

सुबह चम्पक के फूल तोड़ने के बहाने, पड़ोसियों से गप्पें लड़ाती थी। गाँव में सब उसे बहुत प्यार करते थे।

प्रीति बस चाहती थी कि जिन्दगी यूँही चलती रहे। उसके सपने भी उसी गाँव तक सीमित थे। वो दूसरी गाँव की लड़कियों की तरह न शहर जाने के ऊँचे सपने देखती थी ना चाहती थी कि घर से कहीं दूर जाए।

प्रीति एक पाठशाला में हिन्दी पढ़ाती थी। हर शाम, पाठशाला में लौटते ही, घर जाती थी। रास्ते की हरियाली को देखकर उसका मन बहल जाता था। घर आते ही माँ के हाथ की गरम चाय और दिन भर की थकान जैसे गायब सी हो जाती थी।

फिर, वह अपने आप के साथ वक़्त गुजारने के लिए, दरिया किनारे पहुँच जाती थी।

जैसे वक्त गुजरता जा रहा था, प्रीति के पिता उसकी शादी के बारे में सोचने लग गये। प्रीति ने कभी इस बारे में सोचा तक नहीं।

इसी बात पर एक दिन, वह पत्नी के साथ चर्चा कर रहे थे कि प्रीति के कानों में यह बात उतर गयी। वह फिर भी चुप रही।

दिल्ली से एक रिश्ता आया था। लड़का भारतीय सेना में एक ऊँची दर्जा में था। उसने प्रीति की तस्वीर देखी और पसन्द भी कर ली। सब कुछ इतना जल्दी हो रहा था।

कुछ दिनों के बाद प्रीति के पिता ने लड़के की तस्वीर उसके किताब के पन्नों में रख दी। उस शाम दरिया से लौटने के बाद, प्रीति जब किताब पढ़ने के लिए बैठी, उसने लड़के की तस्वीर देखी।

बस देखते ही रह गयी। उसके पास न सोचने के लिए कुछ था न समझने के लिए। अगले दिन वह अपने पिता के पास गयी और लड़के के बारे में पूछने लगी। सन्तुष्ट होकर उस दिन पाठशाला गयी। आखिर माता-पिता को पता है मेरी खुशी क्या है। यही सोचकर उसने अपनी सबसे पसन्दीदा हलकी नीली और सफेद रंग की साड़ी पहन ली, आँखों में काजल लगाया, और अपने लम्बे बालों में फूल लगाकर पाठशाला के लिए चल पड़ी।

उस दिन जब दरिया किनारे बैठी थी, तब उसके मन में कई ख़याल उभर आये, "क्या इसी को जिन्दगी कहते हैं? जैसे नदी में बहता पानी एक जगह रुकता नहीं, जैसे पानी हर कोने और गली से गुज़रकर अपना रास्ता बनाता है, इनसान की जिन्दगी भी कुछ ऐसी ही थी। बस जो हो रहा था उसको थाम के चलना है। परिवर्तन ही जीवन का अहम सच है।"

प्रीति इस परिवर्तन के लिए अब तैयार थी।

जैसे महीने-दो महीने गुज़रे, शादी की तैयारियाँ जोरों से शुरू हो गयीं। गाँव के पड़ोसी उसे देखने आ जाया करते थे। अब शाम को वो अकेली दरिया किनारे नहीं जाती थी। बस उस दृष्टि को अपनी यादों में समेटकर सो गयी।

प्रीति के पति मेजर विवेक काफी आकर्षित थे। उनका बात करने का तरीका, सीना तानकर चलने का अन्दाज, दूसरों की इज़्जत करना, सब प्रीति को भा गया।

वह यही सोचने लगी कि, बस अब क्या डरना?

शादी के कुछ महीने बाद, प्रीति दिल्ली के लिए रवाना हो गयी। पहले कुछ दिन दिल्ली की सर्दी उसे सुई की तरह चुभने लग गयी। केरल में ऐसी ठंड कहाँ? वह अपने रोज़ के काम में व्यस्त रहती थी। एक नयी जगह, और एक नया इनसान, जिसके साथ वो अपनी बाकी की जिन्दगी गुजारने वाली थी।

प्रीति भारतीय सेना के क्वार्टर्स में रहती थी। वहाँ उसे सब कुछ बड़ी आसानी से मिल जाता था। शाम को सैर पर जाया करती थी और वहाँ दूसरे ऑफिसर की बीवियों को देखती थी। उनके रहन-सहन से वह आश्चर्य में थी। जिनको वह रोज़ देखती थी, उनसे बस मुस्कुराकर 'हेलो' बोलती थी। उनमें से एक थी श्रीमती कौशिक।

प्रीति उन्हें बहुत पसन्द करती थी। दूसरी औरतों की तरह वह उसे अलग नज़रिए से नहीं देखती थी। बस प्रीति उन्हीं से कभी-कभी बात करती थी।

आर्मी के तौर तरीके से वह वाकयेत नहीं थी। एक दिन विवेक जाते-जाते कह गये कि शाम को एक पार्टी थी और उसे अच्छे से तैयार होकर वहाँ आना था। प्रीति को इन चीजों की आदत नहीं थी। जैसे वह सोच में पड़ गयी, उसकी माँ का फोन आ गया।

वह अपनी माँ से पूछने लगी, "माँ, मैं कभी पार्टी में नहीं गयी, और मुझे पता भी नहीं कि ऐसी जगह पर कैसे कपड़े पहनते हैं जैसी बातों में उलझ रही थी, कि उसके दरवाजे से मिसेस कौशिक गुजरी। "माँ, मैं आपको फिर फोन करती हूँ, रसोई में कुछ जल रहा है"। ऐसे कहकर प्रीति फोन रखकर, दरवाजे के पास दौड़ी, "मिसेस कौशिक, एक मिनट रुक सकती हैं?" मिसेस कौशिक ने पीछे मुड़कर देखा। प्रीति को देखकर रुक गयी। प्रीति ने उन्हें चाय पर बुलाया। फिर धीरे-धीरे अपने दिल की बात खोल बैठी, "मेरे पति कह रहे थे कि आज शाम को एक पार्टी है। आपको पता है मैं गाँव से आयी हूँ और वहाँ ऐसा सब नहीं होता है। मुझे इतना तक पता नहीं कि पार्टी में लोग कैसे कपड़े पहनते हैं।" मिसेस कौशिक के चेहरे पर एक हलकी-सी मुस्कराहट आयी। कहने लगी, "प्रीति, फिक्र न कर, मेरे साथ चल।" मिसेस कौशिक प्रीति को अपने घर ले गयी और अपनी लाल रंग की साड़ी दी। प्रीति उसे देखते ही हैरान रह गयी, "लेकिन मिसेस कौशिक, मैंने इतनी महँगी साड़ी कभी नहीं पहनी।"

"तो आज पहन लेना। तुम्हारे पति खुश हो जाएँगे," यह कहकर मिसेस कौशिक हँसने लग गयी।

प्रीति घर गयी और शाम की पार्टी के बारे में सोचने लगी। साड़ी तो ठीक है, लेकिन मेरे बालों का क्या? अपने लम्बे बालों को धोकर, उसने लाल साड़ी पहन ली। आँखों में काजल, हाथों में चूड़ियाँ पहन और अपने आप ही शीशे में हजार बार देखती रही।

शाम को विवेक आये। प्रीति सोच रही थी कि वह उसकी तारीफ करेंगे, लेकिन उन्होंने कुछ नहीं कहा। "चलो, देर हो रही है," यह कहकर, बाहर चले गये। प्रीति उनके पीछे-पीछे चल पड़ी। पता नहीं वह क्या सोच रहे थे। प्रीति इसी सोच में डूब गयी।

पार्टी में काफी चमक-दमक थी। वहाँ की औरतें छोटे कपड़े पहने, हाथ में वाइन के गिलास थामे बातें कर रही थीं। कुछ देर बाद, जैसे गाना बजाना शुरू हो गया, सब नाचने लग गये। एक कोने में बैठे प्रीति सब कुछ देख रही थी।

प्रीति के पति उससे बेहद प्यार करते थे। उस रात उन्होंने प्रीति का हाथ पकड़ा और कहा, "देखो मुझे पता है तुम गाँव से आयी हो, तुम्हें यह सब पसन्द नहीं है, लेकिन यह आर्मी की दुनिया है। तुम्हें इसकी आदत हो जाएगी। धीरे ही सही।" प्रीति समझ गयी।

उसे अपने पति से कभी कोई शिकायत नहीं थी। वो और एक परिवर्तन के लिए तैयार हो गयी थी।

अगले दिन मिसेस कौशिक की साड़ी लौटाने प्रीति उनके घर गयी। बहुत सोच के बाद प्रीति उस दिन घर से बाहर निकली। एक ब्यूटी पार्लर के बाहर उसने अपने ऑटो को रुकवाया। वो अन्दर चल पड़ी। चार-पाँच घंटों के बाद बाहर आयी।

उसके चेहरे पर एक चमक सी थी। उस दिन के बाद विवेक ने प्रीति में एक नया बदलाव देखा। वो ना सिर्फ बाहरी बदलाव था, उसकी बातों से लग रहा था कि उसकी कमजोरी दूर हो रही थी। विवेक बहुत खुश था।

वह विवेक से कुछ कहती नहीं थी। बस चुपचाप अपना काम किया करती थी। कभी-कभी वह अपने गाँव के शाम को याद किया करती थी। वह दरिया, बरसात, उनसे उसकी यादें जुड़ी हुई थीं।

कई महीनों के बाद चाय पीते विवेक ने शाम की पार्टी के बारे में बताया कि पार्टी में बड़े लोग आ रहे हैं।

उस शाम का इन्तजार प्रीति को शायद कई दिनों से था। उसने विवेक से कहा कि वह खुद वहाँ पहुँच जाएगी। उसने गाड़ी चलाना भी सीख लिया था। विवेक हैरान रह गया। फिर पूछने लगा, "तुमने गाड़ी चलाना कब सीखा?" प्रीति ने कहा, "हर

सुबह मैं मिसेस कौशिक के साथ बात करती थी और उनसे इस बारे में पूछताछ की। फिर ड्राइविंग की क्लास में भर्ती हो गयी। छोटी-सी बात थी और मुझे लगा आप भी कितने दिन मुझे बाहर ले जाया करेंगे। मुझे खुद बाहर जाना सीखना होगा। तीन महीने हो गये, अब मुझे लाइसेंस भी मिल गया।" उन तीन महीनों में प्रीति ने बहुत कुछ सीख लिया था।

प्रीति के चेहरे पर एक अजीब सी खुशी थी। खुशी से ज़्यादा ऐसा लग रहा था कि उसका आत्मसम्मान आसमान की ऊँचाई को छू गया है।

विवेक के पास कहने के लिए कुछ भी नहीं था। उस शाम मिसेस कौशिक भी पार्टी में आयी थीं। उनकी आँखें इधर-उधर मँडरा रही थीं। किसी परिचित शख्स को वह ढूँढ़ रही थीं। उनकी आँखें एक लड़की पर पड़ीं। वह एक काली स्कर्ट पहने हाथ में वाइन का गिलास लिए बैठी थी। जैसे वह उस लड़की के पास गयीं, गाना बजाना शुरू हो गया और वह लड़की अपने पति का हाथ लिए, उनके साथ नाचने लगी। वह कोई और नहीं, प्रीति थी। मिसेस कौशिक फूली नहीं समाई। नाच के बाद वह प्रीति के पास पहुँची और उससे बात करने लगी, "यह कैसे हुआ प्रीति, इतना बदलाव?" प्रीति हँस पड़ी, "यह शायद मेरी जिन्दगी का अहम परिवर्तन है। जब गाँव में थी, तब इन चीजों का क्या पता? बस रोज पाठशाला जाय्या करती थी। एक कॉटन की साड़ी में, हाथ में छाता लिए। मैंने कभी परिवर्तन के बारे में सोचा तक नहीं। कितनी बेवकूफ थी मैं? सोच बैठी, कि जिन्दगी ऐसे ही चलेगी। परिवर्तन का हलका-सा एहसास तब हुआ जब माँ और पिता ने शादी की बात छेड़ी। गाँव तो अब भी बहुत याद आता है।" यह कहकर उसने एक लम्बी साँस ली।

"दिल्ली आने के बाद पता चला कि जीने के कितने तरीके होते हैं। शायद, हम उनसे अनजान हैं। जब तक हम उस महफूज जगह से निकलते नहीं और परिवर्तन को अपनी जिन्दगी में आने का मौका नहीं देते हैं, हम सोचते हैं जो हम जी रहे हैं वही जिन्दगी है। सब गलत है।"

प्रीति ने फिर कहा, "अपने पति से मुझे कोई शिकायत नहीं। वह बस चाहते थे कि दूसरी वीवियों की तरह मैं भी इस माहौल में घुलमिल जाऊँ। उन्होंने कभी जोर जबरदस्ती नहीं की। वक़्त के साथ हालात बदल जाएँगे शायद इसी उम्मीद में उन्होंने मुझसे कभी कुछ कहा नहीं। इससे ज्यादा क्या माँग सकती हूँ मैं? यह परिवर्तन जरूरी था। मेरे अपने आत्मसम्मान के लिए।"

मिसेस कौशिक ने प्रीति को प्यार से गले लगाया। उन्हें गर्व था कि गाँव की लड़की ने शहर में आकर परिस्थिति से समझौता कर लिया। तीन महीने प्रीति ने

ब्यूटी पार्लर जाकर अपने बाल ठीक करवाए, फिर ऊँची सैंडिल में चलना सीखा, बात करने के तौर तरीके सीख लिए, गाड़ी चलाना भी सीख लिया। वह तीन महीने उसकी जिन्दगी में कभी न भूलने वाले पल थे। गाँव में रहती तो शायद यह सब कभी न कर पाती। लेकिन उसे इतनी ताकत कहाँ से मिली? उसके पति का प्यार, उनका विश्वास, उसे वह कैसे तोड़ सकती थी? उसी को अपनी शक्ति बनाकर सब कुछ प्रीति ने कर दिखाया।

विवेक प्रीति की सारी बातें सुन रहा था। उसकी आँखों में प्रीति के लिए प्यार और इज्जत बहुत बढ़ गयी थी। उसे इतना गर्व महसूस हो रहा था कि उसने अपनी बीवी को प्यार से गले लगाया।

प्रीति की आँखें भर आयीं। उसे अपने गाँव की याद आ रही थी। दरिया किनारे की वह शाम, नारंगी आसमान, चम्पा के फूल, नारियल के पेड़, सोचते-सोचते उसकी आँखें नींद में डूब गयीं।

राख अब भी गर्म है

•

सोनाली

उस रोज आसमान में सूरज अकेला नहीं जला, यहाँ जमीन पर गँदली बस्ती का एक दोतला कच्चा-पक्का छोटा-सा मकान भी उसके साथ जल रहा था। दिन सिर पर चढ़ रहा था जब लोगों ने उस मकान से निकलते हुए धुएँ से आसमान पर बनता एक काला धब्बा देखा, जो धीरे-धीरे बड़ा होता जा रहा था। यूँ तो रंगों की आवाज नहीं हुआ करती लेकिन उस कालिख से निकलती चीखें दूर-दूर तक सुनाई दे रही थीं और तब तक सुनाई देती रहीं जब तक फायर ब्रिगेड की तीखी आवाज ने उन्हें दबा नहीं दिया।

वह दस साल का लड़का कुछ देर तक दूर खड़ा उस जलते मकान के आस-पास जमा भीड़ और तमाशे को देखता रहा, फिर आगे बढ़ने लगा कि उसकी नजर सारे तमाशे के बीच फँसी तीन-चार साल की एक लड़की की तरफ गयी। वह लड़की अपने आस-पास लगे जमावड़े से बेखबर उस खाक हो चुके मकान को एकटक देख रही थी, जो कि असल में एक पटाखे की 'फैक्टरी' थी। उस भस्म हो चुकी 'फैक्टरी' के बाहर लगे तमाशे में करतब दिखाने वालों की कमी न थी कुछ खाकी वर्दी में सजे खड़े थे, कुछ कैमरों और माइक से लैस थे तो कुछ अपने रास्ते जाते-जाते रुक गये एक्स्ट्राज। इस सैलाब में पिसते रोते-बिलखते कुछ और भी थे जिनकी चीखों का उस आग से निकलती चीखों से कोई रिश्ता था। ऐसा ही रिश्ता था उस तीन-चार साल की लड़की का भी उस जली हुई 'फैक्टरी' की राख में दफन अपने माँ-बाप से। वह लड़का कुछ देर उस लड़की को देखता रहा फिर अपने कन्धे पर प्लास्टिक का मटमैला थैला टाँगे आगे बढ़ गया।

"प्रशासन की लापरवाही से एक और हादसा"

"इन चार मौतों का जिम्मेवार कौन है?"

ऐसे कुछ और पटाखे टीवी पर कुछ घंटों तक लूप की तरह बजते रहे। फिर

जाने किस फिल्मस्टार ने किसी दूसरे फिल्मस्टार के बारें में कोई तीखी टिप्पणी की और किसी दूसरे ने अपनी शादी का ऐलान कर दिया और टीवी चैनल सितारों से जगमगाने लगे। यूँ भी सितारों के आगे पटाखों की क्या बिसात?

शाम को जब सूरज जलकर थक गया तो वह लड़का एक बार फिर उसी जगह से गुजरा। तमाशा खत्म हो चुका था, सब लोग जा चुके थे वह भी जिनके रिश्ते राख में कोयलों की तरह पड़े थे सिवाय उस लड़की के जो अब भी वहीं खड़ी थी। वह लड़का उसके पास जाकर खड़ा हो गया। बहुत देर तक यूँ ही खड़े रहने के बाद उस लड़के ने अपनी जेब से एक थैली निकाली, जिसमें बिस्कुट का आधा पैकेट और कुछ ब्रेड के टुकड़े थे। उसने वह पैकेट लड़की के आगे बढ़ाया पर लड़की ने उसकी तरफ देखा तक नहीं। लड़की ने दिन में पहली बार अपने कदम उस जगह से हिलाये और चलकर उस मकान के मलबे की जली हुई चौखट तक गयी। उसने एक और कदम बढ़ाया और बढ़ाते ही वापस खींच लिया......राख अब भी गर्म थी।

सुबह सूरज के हलके से बोसे से लड़के की आँख खुली वह रात भर सड़क के किनारे एक दीवार से लगकर सोया रहा लेकिन वहाँ से जाने का ख़याल उसके जहन में आया तक नहीं। उसने तुरन्त लड़की की ओर देखा वह पिछले रोज जहाँ खड़ी थी अब वहाँ जमीन पर गुठली सी बनी सो रही थी। लड़के ने जाकर उसे हलके से हिलाया शायद अब वह लड़की को यहाँ से ले जा सके, पिछली रात की कई कोशिशों के बावजूद वह लड़की अपनी जगह से टस-से-मस नहीं हुई थी। लड़की की आँखें खुलते ही कुछ तलाशने लगीं लड़का जानता था उस तलाश को। वह जल्दी से उठी और मलबे तक दौड़ती हुई पहुँची। उसने बड़े ध्यान से अपने पाँव की उँगलियों से राख को छूकर देखा, अब वह गर्म नहीं थी। वह झट से अन्दर चली गयी। लड़का वहीं खड़ा उसके लौटने का इन्तजार करता रहा।

'फैक्टरी' पूरी तरह जल चुकी थी। जितना भी कुछ जला था उस आग में वह सब वहाँ बिखरा पड़ा था। जाने कितनी चीजों की गन्ध मिली हुई थी वहाँ की हवा में। कागज, बारूद, लकड़ी और इनसान सभी के जलने की बू थी वहाँ और ये सब आपस में वहाँ की हवा पर कब्जा करने को लड़ रही थीं 'हैल्दी कॉम्पटीशन' कर रही थीं। इस पार की ट्रेनिंग उस पार भी शायद पीछा नहीं छोड़ती। वह लड़की नन्हे कदमों से पहले कमरे से निकलकर दूसरे और आखिरी कमरे में गयी। हर कदम से उड़ती राख के साथ एक चीख भी हवा में गूँजकर गायब होती रही। उस बिन खिड़की के कमरे की दायीं दीवार के कोने में जो उसकी माँ की जगह थी वह खाली पड़ी थी। मायूसी में सिर झुकाकर उसने ऊपर जाने वाली सीढ़ियों का रुख किया। ऊपरी तले

के पहले ही कमरे में उसके पिता की जगह भी खाली थी। नीचे उतरकर वह 'फैक्टरी' के इकलौते छोटे से जले दरवाजे की चौखट पर आकर बैठ गयी। गुजरा दिन उसकी जिन्दगी से क्या जलाकर खाक कर गया था उसकी तपिश उसके अन्दर अब उतरी थी। मानो कुछ सुलगने लगा उसके अन्दर, उसके रिश्ते जलने लगे और भाप बनकर उसकी आँखों से बहने लगे। रोते-सुबकते हुए उसके हाथ हवा में कुछ ढूँढ़ने लगे। लड़का जानता था कि वह क्या तलाश रही थी, वह ये भी जानता था कि इस तलाश की न कोई थाह है और न ही कोई मंजिल। वह जाकर लड़की के बगल में बैठ गया। वह रोती रही और वह उसकी बगल में बैठा रहा।

आखिरकार रात भर की सोयी दुनिया की सुध लौटी और वह लड़का भी एक बार फिर से अपना प्लास्टिक का थैला कन्धे पर टाँग काम पर चल दिया। दिन में कई बार लौटकर उसने लड़की को देखा, हर बार उसके लिए कुछ खाने को साथ लाया। शाम ढले वह दोनों उस जली इमारत के अन्दर बैठे लड़के के प्लास्टिक के थैले को टटोल रहे थे। जाने उसमें से उन्हें कौन-सा खजाना मिलने वाला था? अचानक वह आवाज हुई जिससे वह दोनों ही बचना चाह रहे थे। उस रोज़ दिवाली थी और वह आवाज थी पहले पटाखे की। शायद किसी ने ध्यान न दिया होगा उस आवाज की तरफ, शायद कभी कोई भी ध्यान नहीं देता पहले पटाखे की आवाज की ओर। किसी को अहसास नहीं होता उस हलके से धमाके का जो कहीं दूर से हवा में गूँजता सा आता है और खामोशी के पर्दे को तार-तार कर देता है। नहीं जाता ध्यान किसी का और जाए भी क्यूँ वह धमाका हमसे सिवाय सन्नाटे के छीनता ही क्या है? लेकिन उस लड़की से उस धमाके ने उसका सबकुछ छीन लिया था इसीलिए जो आँसू कुछ ही देर पहले उसकी आँखों से थमे थे वह फिर से बह निकले। उस लड़के ने लड़की के कानों पर अपने दोनों हाथ रख दिये। यही चाहता था वह खुद दो साल पहले जब वह उस लड़की की जगह था कि कोई उसके कानों को ढँक दे अपने हाथों से ताकि वह इस शोर से कहीं दूर चला जाए, लेकिन उसके पास ऐसा कोई नहीं था। दो साल उसने अकेले काटे थे अपने सन्नाटों में। सन्नाटों की किरचें बड़ी नुकीली हुआ करती हैं, वही शायद उसकी आँखों में चुभ गयी थीं वरना आँखें यूँ ही खुद ब खुद नम नहीं होतीं। उस लड़की ने मानो लड़के की आँखें नहीं आईने में अपना ही अक्स देख लिया हो, उसने भी अपने नन्हे से हाथों से लड़के के कान ढँक दिये।

धमाकों की रात की सुबह बड़ी धुँधली हुआ करती है। उस दूधिया सुबह जब लड़के की आँख खुली तो उसके कन्धे पर सिर रखे लड़की सोयी हुई थी। उसने धीमे

से उठने की कोशिश की तो लड़की जाग गयी। अपने थैले में से लड़के ने एक गँदली मुड़ी हुई सी प्लास्टिक की बोतल निकाली, उसके पानी से उसने मुँह धोया और फिर बोतल लड़की के आगे बढ़ा दी। फिर दोनों ने जमीन पर बैठकर एक लिफाफे में से बिस्कुट, ब्रेड और जाने कितनी चीजों का मिला-जुला आहार खाया। 'नाश्ता' कर लेने के बाद लड़के ने अपना थैला उठाया और चल दिया। लड़की चौखट पर खड़ी उसे जाते हुए देख रही थी, वह एक हाथ से अपने कन्धे पर थैला टाँगे दूसरा हाथ हवा में हिलाता हुआ चले जा रहा था। लड़की ने उसे देखते-देखते अचानक पीछे मुड़कर जली हुई इमारत को देखा। लड़का कुछ ही दूर गया था कि लड़की दौड़कर उसके पास पहुँची और उसका हाथ थाम लिया। वह पल भर के लिए वहाँ रुके रहे फिर साथ चल दिये।

कॉलोनी का वह कोना जहाँ सभी घरों का कूड़ा इकट्ठा रहता है, उसी बदबूदार कोने से वह दोनों प्लास्टिक की बोतलें, गत्ते के डिब्बे, अखबार की कतरन और भी जाने क्या-क्या उठाकर अपने थैले में सहेज रहे थे कि लड़के की नजर कोने में पड़ी किसी चीज पर पड़ी। उसने झट से उसे उठा लिया, वह एक प्लास्टिक का बोरा था वैसा ही जैसा उसके पास था बस साइज में कुछ छोटा। एक बहुत बड़ी मुस्कान के साथ उसने वह बोरा लड़की को दिया और उससे भी बड़ी मुस्कान के साथ उस लड़की ने उसके हाथों से लिया। जब दोनों थैलों में उन्होंने अपना खजाना भर लिया तो वह वहाँ से किसी और खजाने की तलाश में चल दिये।

अपने-अपने कन्धों पर थैले उठाए और एक-दूसरे का हाथ थामे वह दोनों घूमते रहे इस दुनिया में जो आँकड़ों की बनी है। कच्चे और पक्के मकानों के आँकड़े, छोटी-बड़ी गाड़ियों के आँकड़े, पक्की सड़कों और कच्चे रास्तों के आँकड़े, 'गरीबी रेखा' के ऊपर और नीचे के आँकड़े, पटाखा फैक्ट्रियों में जलकर खाक हुए लोगों के आँकड़े, उन जले हुए लोगों के यतीम बच्चों के आँकड़े। बड़ा जरूरी होता है ये आँकड़ों का हिसाब रखना ताकि नये आँकड़े जब उन्हें तोड़ें तो कागजी कार्यवाही में मुश्किलात न आये। लेकिन ऐसे कोई आँकड़े उन दोनों के पास नहीं थे, वह इन से आजाद एक-दूसरे का हाथ थामे चले जा रहे थे जल चुके पटाखों के बिखरे हुए कागजों से पटी हुई सड़कों पर। उनके पास कुछ था तो बस हाथ में नये इनसानी रिश्ते का अहसास और नंगे तलवों पर खून के रिश्तों की राख और *राख अब भी गर्म है........*

मुक्तिबोध...और एक साथ!

आद्या त्रिवेदी

ऊँची दीवारें, बड़ा-सा लोहे का गेट और चौड़ी छाती, लम्बे कद का चौकीदार। मैदाननुमा बड़ा-सा बगीचा, पानी डालता माली। नक्काशीदार सागौन का मुख्य दरवाजा, जिसकी महीन नक्काशी और महँगा कार्विंग वर्क और दीवारें महँगे रंग-रोगन से चमकती यूँ लगता किसी गरीब के स्वप्न का स्वर्ग का इन्द्र महल हो। यही समृद्धि का प्रतीक है। यह मकान है, श्री श्याम जी और उनके सुपुत्र वैभव का, उनकी वैभवता का बखान कर रहा है। श्री श्याम जी विगत आठ वर्षों से सेवानिवृत्त हैं, अपने व्यवसाय से, इन आठ वर्षों को ठाठ के साथ गुजार सकते थे, किन्तु बीमारियों जैसे बीपी, शुगर, के चलते अक्सर ही खाट पकड़ लेते हैं।

आज श्याम जी बहुत बेचैन हैं, क्यूँकि उनकी अर्द्धांगिनी लता का स्वास्थ्य अचानक से खराब हो गया। सुबह से उल्टियाँ हो रही हैं। अपनी अर्धांगिनी के साथ उनका रिश्ता दोस्तों के समान है। कभी भी दोनों के बीच कोई भी वैचारिक मतभेद नहीं होता, क्यूँकि लता सौम्य और सहज बातों से अपनी बात मनवा ही लेतीं। चेहरे में तेज जिसके कारण वह अत्यन्त प्रभावशाली व्यक्तित्व की लगती हैं। उम्र की इस दहलीज पर भी उनका मस्तिष्क बहुत ही कुशाग्र है।

बाबूजी (श्यामजी) और माँ जी (लता देवी) परिवार के मुखिया हैं। समाज में बहुत प्रतिष्ठित हैं। दोनों का परस्पर ऐसा सम्बन्ध है मानो बचपन के सखा-सखी हों। बाबूजी बहुत परेशान, और बहुत ही बेचैन हैं। ऐसे में अपने नौकर शम्भू को आवाज देते, वो हाँ...हाँ! कहता पर वह सुन नहीं पाते क्यूँकि श्रवण शक्ति उनकी क्षीण हो गयी, और मशीन खराब पड़ी है। तभी शम्भू नजदीक आ कर चीख कर बोलता है—"क्या हुआ...बाबू जी...।" बाबू जी कहते—"जल्दी से बबुआ को फोन लगा, कह माँ उसकी बीमार है...।" शम्भू सहमता सा हिचकिचा कर फोन करता और कहता—"मैडम जी, माँ जी की तबीयत खराब है, साहब को फोन लगाने कह

रहे... ।" उधर से उत्तर मिलता बस आधे घण्टे में आ रही हूँ, लेकिन पूरे दो घण्टे हो जाते कोई भी ना आता और ना ही फोन, बाबू जी बेचैनी में कभी अन्दर जाते, कभी बाहर आते। बेचैनियों में किये शारीरिक श्रम सदा ही कष्टकारी होते हैं। तभी उनकी नातिन स्वीटी आती है, बाबू जी को देख मुस्कुरा के सीधे अपने कमरे की तरफ जाती है, बाबू जी उसे आवाज देते—"स्वीटी...ऐ स्वीटी...!!!"

स्वीटी जैसे उसका पैर गलती से गोबर पर पड़ गया हो, ऐसा मुँह बना के पलट के जवाब देती—"हाँ बाबा...!!" बाबू जी सुन तो पाते नहीं, आशा की नजर रख, फिर कहते—"तेरी दादी की तबीयत खराब है, जल्दी से डॉ. को फोन कर।" स्वीटी औपचारिक उत्तर देती हुई—"अरे...हाँ करती हूँ.... ।" बोल के कमरे के अन्दर चली गयी। बाबू जी को आशा थी कि सुनते ही स्वीटी भाग कर, दादी को देखने आएगी, वह उसे हमेशा बात ऐसे करते जैसे हम उम्र दोस्त हो।

पन्द्रह मिनट से आधा घण्टा होने को आया, लता देवी इस बीच में तीन उल्टी कर चुकीं, जिसमें खून भी निकला...वह मुस्कुरा कर बाबू जी को पास बुलाती हैं, और फिर कहतीं—"भगवान की इतनी मन्नत की, पहले आप जाओ उसके बाद मैं जाऊँ, आप उधर जाते तो फिर से एक घर बनाते और मैं आ जाती। पर लगता है, उसे ये मंजूर है, कि मैं जाऊँ पहले..।" बाबू जी वैसे तो सुन नहीं सकते पर ना जाने कैसे, हर बात उन्हें लता देवी की सुनाई दे जाती शायद इसे ही, दिल का लगाव या जुड़ाव कहते हैं, जब दिल की धमनियाँ तरंगें छोड़तीं, और बिन शब्दों और आवाज की औपचारिकता के दिल से जुड़े लोग खामोशियों को भी सुन लेते, और शायद इसलिए कहा है, दिल का रिश्ता ही सबसे करीब होता है। बाबू जी हँस पड़ते, बोलते—"तुझे अभी भी हँसी सूझ रही है? सब सुहागन ही जाना चाहती, तुम हमेशा पगलाओ...कुछ भी बात करो।" लता देवी ने बाबू जी की बेचैनी पढ़ ली, हाथों पे हाथ रख कर बोलीं—"मत परेशान हो, जितना दिन हूँ साथ रहने दो... ।" उनके स्पर्श में जो मर्म था, बाबू जी की आँख भर आयी, और बोल पड़े—"खबरदार एक शब्द भी कुछ और बोला...जरा सी उल्टी ही तो हो रही है ना?"

गुस्से से उठकर गये कि स्वीटी किधर है? और कमरे के सामने जा कर खड़े हुए, और उधर स्वीटी अपने नवीनतम ब्वॉय फ्रेण्ड (जो बस पैंतालिस मिनट पहले हुआ, शायद पैंतालिस घण्टे में ही फिर जाना पहचाना नाम रह जाय) से बातें करने में मसरूफ थी, पर वह हिचकी नहीं क्योंकि जानती थी, कि उसके बाबा को सुनाई नहीं देता है और उनके तरफ पीठ करके फोन पर बोली—"चलो जान काम को टरका के आती हूँ, फिर मीठी-मीठी बातें करेंगे, अभी मीठा सा तोहफा मेरी जान के लिए... ।" फोन को

चुम्बन दे वह काटती...

एक वही फोन है जो बेचारा उसके अत्याचार का मारा है। अलग-अलग नम्बर पर सुबह से उसके, बासी बदबूदार मुँह के चुम्बनों को पहुँचाता और कभी...दर्द के मारे रो भी नहीं पाता...दिन भर के सभी अत्याचार झेलता। स्वीटी पलटी, बाबू जी के पास जा कर बोली—"डॉ. को फोन किया है, आप एक काम करो, शानू के साथ चले जाओ...।" शानू उन लोगों के तीन ड्राइवरों में सबसे युवा ड्राइवर था। बाबू जी, अचम्भित से स्वीटी को देखते रहे, पर बिना किसी भी सवाल जवाब के कमरे में जा अपने बैग में दवाइयाँ रखने लगे, तभी शम्भू आया, माँ जी ने इशारे से डिब्बा रखने को बोला। बाबू जी के मन में अनेक प्रश्नों का वेग था पर एक बन्धन था जो उस वेग को रोक रहा था और वह बन्धन था लता का। सोचते ये सब सुन कर उसे दुःख होगा। लता देवी की गर्दन उस ओर हो जाती जिस तरफ बाबू जी जाते, वह इस तरह से उनको अपने काम करते पहली बार देख रही थी उनकी आँख छलक पड़ी...।

लता देवी ने पूछा—"सुनो...क्या मेरे बिना रह पाओगे?" बाबू जी ने सुना नहीं उनका मन बहुत भारी था...। शानू आ गया तब शम्भू बैग ले कर आया तो बोला कैसे ले कर जाएँगे...सभी लोगों ने माँ जी को उठा कर गाड़ी में बिठाया। पर उनका शरीर कमजोर था पर आत्मबल के दम वह बैठ गयीं। जैसे ही अस्पताल पहुँचे, उधर डॉ. के सहायक भागते हुए आये, उन्हें माँ जी से बहुत लगाव है और हमेशा जो वात्सल्य परिवार के बच्चों के साथ होना चाहिए वही माँ जी उसे भी देतीं, उसने सभी अस्पताल के कर्मचारियों को आदेश दिया कि माँ का खास ख़याल रखें, बाबू जी उतरे उसके साथ ही स्ट्रेचर ले कर वार्ड ब्वॉय छोड़ पड़े। माँ जी उस अवस्था में भी डॉक्टर अनिमेष को पास बुला कर हाथ थाम कर बोलीं—"ले मैं आ गयी बहुत बुलाता था ना मुझे।" अनिमेष की आँखें छलक पड़ीं वह माँ को घर बुलाता था। वह चाहता था विवाह उपरान्त वह सीधे माँ जी से आशीष ले पर ले ना सका क्यूँकि वह लोग समृद्ध हैं, कहीं ये ना समझें उसके सीनियर कि वो नजदीकियाँ बढ़ा रहा है।

शाम होने को आयी। कितने प्रकार के टेस्ट हुए। अनिमेष और बाकी स्टाफ की ड्यूटी बदली और रात्रि पहर की ड्यूटी में नया वार्ड ब्वॉय "सलीम!"

सलीम एक बन्दा जो हर किसी के साथ खड़ा रहता और जिसकी कोशिश होती *गम का पहारू जितना भी बड़ा हो, कलेजा चींटी सा रखो जो उसके नीचे भी अपने ख़ुशी के अंडे दे देती है और चढ़ने की बात आती तो साँसें नहीं गिनती बस चढ़ जाती है।* उसने बाबू जी को देखा वह निराश थे लता की तबीयत को ले कर और घर के लोगों के इस रवैये से कि किसी को फिक्र ही नहीं। सलीम ने मुस्कुरा के

अभिवादन किया बाबू जी ने देखा ही नहीं, फिर उसने नर्स से पूछा–"क्या नया पेशेंट है? सिस्टर।"

नर्स ने उत्तर दिया, "हाँ अभी सुबह को आये...।"

सलीम ने फिर पूछा, "क्या हुआ?"

नर्स बोली, "क्यूँ फोकट डॉक्टरी बताता है? अपना काम से मतलब रख ना।"

सलीम हँस कर बोला, "अच्छा अपुन तेरे को सिस्टर बोल इस करके, गुस्सा?"

सलीम जितने बार निकलता कुछ न कुछ बाबू जी से बोलता। बाबू जी किधर सुनाई देता उन्हें? खामोश रहते। रूम में जाते कभी चेयर में बाहर बैठ जाते, भरे मन से पानी का गिलास उठाते और रख देते। सलीम से रहा ना गया और बिन काम के रूम में दाखिल हुआ तभी लता देवी की आँख खुली, वो सलीम को देख कर मुस्कुरा दी। सलीम बोला, "कमाल है तेरी खुदाई ऐ खुदा

जो बिस्तर में उसे मुस्कुराने का हौसला दिया

जो कदमों पे है रोने के लिए वजह दिया।" अन्दाज उसका बड़ा ही शायराना था। अन्दाज ए बयाँ में बातें सूफियाना। माँ जी पूछ पड़ीं उनकी कमजोरी ने उनकी जुबान जैसे जकड़ी हो, फिर भी बोलीं, "क्यूँ क्या हुआ?"

सलीम, "वो उधर बाजू जो बाबू जी बैठेले उनको मैं कितना बोला पन जबाब इच नहीं एक तुमको देखो एक नम्बर का है माई तुम, ग्रेट!"

इशारे से लता देवी ने बताया कि बाबू जी सुन नहीं सकते। सलीम, "ओह ऐसा है, पन तुम लोग बड़ा आदमी, एक मशीन मस्त लगाना माँगता था। बराबर बोला ना?"

लता देवी मुस्कुरायीं और दर्द में जो मुस्कुरा सकता है सच्चा हौसला जीने का उसी के पास होता है। उन्होंने बैग की तरफ इशारा किया, मशीन उसमें रखी है।

सलीम, "अभी अपुन जाना माँगता, आता है अपुन ओल्ड मेन का मूड ठीक करके अरे हाँ माई !! अपुन का नाम सलीम है तुम हमको सल्लु बोलेगा माँ कसम मजा आ जाएगा।" दबी आवाज में लता देवी ने बोला, "ठीक है सल्लू।" बोलते ही उनके मुँह से खून आ गया। उन्होंने बाहर देखा, और रूमाल से पोंछने लगीं कि सलीम ने हाथ से साफ करके बोला, "ऐ माई, क्या हुआ तुमको?" फिर थोड़ा रुका, बोला, "आराम करो आता है अपुन।" सलीम बाबू जी के पास जा कर बोला, "क्या हुआ? मशीन को हमको दिखा?" नहीं सुना तो कान में बोला, "तुम्हारा कान के मशीन को क्या हुआ?" फिर बाबू जी ने सलीम की तरफ देखा...। सलीम बोला–"अपुन एक नम्बर का उँगलीबाज है, तुम्हारा मशीन में क्या हुआ... बताओ?" बाबू जी ने मशीन ला कर दी और सलीम लाता हूँ बोल कर चला गया।

सारे टेस्ट हो चुके थे, बाबू जी टूटे थे और अब शरीर का हर अंग दर्द दे रहा था। आते-जाते अस्पताल के स्टाफ के लोग बाबू जी से कुछ बोलते पर उन्हें सुनाई न देता। उकता कर उठे और काउंटर से कागज कलम ले कुछ लिखा और डॉ. के केबिन में दाखिल हुए। कागज सामने किया उसमें लिखा था :

मेरे तीन सवाल हैं और लिख कर जवाब दीजिए

1. क्या हुआ है लता को?

2. अभी तक किसी भी रिपोर्ट को मुझे क्यूँ नहीं दिखाया?

3. कब तक आपकी दवा से आराम लगेगा?

डॉ. को पसीना आ गया उसने घण्टी बजाई और रूम में वार्ड ब्वॉय कोई और नहीं सलीम आया बोला, "अरे बाबू जी आपको ढूँढ़ रहा था। ये लीजिए आपकी मशीन अब परफेक्ट काम करेगी," बाबू जी ने मशीन लगाई। पहले स्वर बहुत दिनों के बाद सलीम के सुने। बराबर है ना?

डॉ. गुस्से से देख रहा था सलीम बोला—"वो क्या ना? माई मतलब मैडम बोली साहब का मशीन खराब है, अपुन ने सुधार दिया।"

डॉ. गुस्से से बोले—"जाओ दो गिलास पानी लाओ।"

अब तो आप सुन सकते हैं तो बाबू जी बस समझने की कोशिश कीजिएगा। रिपोर्ट सारी आ गयी हैं और वह नहीं चाहती थी, आपको पता चले और इलाज जैसा पहले था।

बाबू जी (थोड़ा उलझन में)—"वो मतलब?"

बाबू जी "वो मतलब लता है ना?"

अब वो सब समझ गये थे उन्होंने गहरी लम्बी साँस भरी और कहा—"मत बताइये जब वो नहीं चाहती तो।"

लम्बी साँस दुबारा सीने में भरते हुए बोले, "हाँ, मैं समझ गया जानता हूँ उसे।" और कहकर उठ गये।

सलीम वहीं था और पीछे से निकलकर सीधे अनिमेष डॉक्टर के केबिन में गया।

सलीम, "क्या हुआ डॉ. वह नया पेशेंट को?"

अनिमेष, "माँ जी को कैंसर है लास्ट स्टेज...।"

सलीम, "आप इसलिए इधर? मतलब लास्ट स्टेज?"

कुछ बिना कहे ही सब समझ गया और सिर झुका कर सोचा और फिर सिर उठा कर ऊपर देख कर बोला, "वाह खुदा क्या खुदाई है कभी मिलन, कभी होती जुदाई है।"

सलीम नेक दिल बन्दा था, ऐसा लगता था, कि उसने हर तरह का वक्त देखा

है। उसकी बातें भले सबको खटकें लेकिन डॉ. अनिमेष उसे बहुत पसन्द करते क्यूँकि उसकी हर काम में पकड़ मजबूत थी। हास्पिटल मैनेजमेंट उसकी कुछ आदतों को बर्दाश्त करते थे। सभी उसके मिजाज से वाकिफ थे, बुरी बात पसन्द नहीं, जो कहना मुँह पर, पीठ घुमाते तो सिर्फ मदद करता था, पता भी ना चले और किसी के लिए जो बन पड़े वो कर दे।"

अनिमेष ने फिर कहा–"तुम्हारी बातें हमेशा मुझे कुछ सिखाती हैं, सलीम।" सलीम सर झुका के बाबू जी की तरफ गया, वह बाहर आ रहे थे। सलीम "बाबू जी मैं आता हूँ।" कहते ही कन्धा दे दिया, और हलकी आवाज में बोला कान में "जितना लिखा है, उससे कम नहीं और ज्यादा भी नहीं मत फिक्र करो।"

कमरे में जाते ही, लता ने भरी निगाह देखा। उन्हें भी मालूम नहीं मशीन ठीक हो गयी, और वो उन्हें देख कर मुस्कुराई और इशारे से पूछा, "खाना खा लिया...पर! बाबू जी ने कोई जवाब नहीं दिया, और पास जा कर बैठ गये, भरी निगाह वह लता देवी को देखने लगे। लता देवी कुछ देर तो अनजान रहीं, और बात इशारे से करती रहीं बाबू जी उनके हाथ पकड़ बैठ जाते और माथे को सहलाते और सहलाते ही उनकी आँखें भर भर आतीं।

चश्मे से ऊपर आते आँसू देखकर, लता जी पूछतीं–"क्या हुआ...बोलो भी...?"

तभी लम्बी खाँसी का दौर लता जी को शुरू होता, और चादर खून से लथपथ हो जाती।

बाबू जी असहाय हैं, किन्तु अब समझ गये, कुछ नहीं हो सकता।

बाबू जी बोले–"जीवन भर धर्म किया और करवाया मुझसे, आखिरी समय झूठ बोल के गंगा जल देने के अधिकार से वंचित रखना चाहती हो?"

लता देवी का सिर उठा ही नहीं, और तेज सिसक के रोने लगीं और बोल पड़ीं–"कैसे रहोगे मेरे बिना? कौन रखेगा ख़याल...? क्यूँ भगवान...? क्यूँ...?"

बाबू जी चुप ही थे, लता देवी को लगा उन्हें अभी भी सुनाई नहीं दे रहा...बोले जा रही थीं...। जिन सच्चाइयों को वह इतने दिनों से दबाये बैठी थीं, सब एक-एक करके ऊपर आ गयी थीं...। नर्स ने उन्हें दवा दी और फिर बस खाँसते-खाँसते ही वह सो गयीं।

हाथ बाबू जी के हाथ में, और निढाल पढ़े कन्धे आज उनकी सच्चाइयों को सुन कर झुक गये थे...। और उन्हें पिछले कुछ दिन याद आ गये–

सारी तीखी यादें उन्हें चुभन दे रही थीं। तभी उनकी नातिन फोन पर बात करते हुए अन्दर आयी। स्वीटी–"दादी....दादी!"

पर, ये गहरी नींद थी, जिसमें दादी थीं, जिधर स्वर जाते नहीं, बाबू जी सोच रहे सो रही हैं.... स्वीटी ने भी समझा कि सो रही हैं।

उसने मुँह पर रूमाल पहले से बाँध रखा था, और बोली... अपने फोन में इन्तजार करने वाले को –''यक...! एक रिश्तेदार को देखने आयी थी, वोमेट किया है।'' फिर, दूर होते हुए बोली–''ये डुकरा डुकरी का रोमेंस ना...''

उधर दर्द की गहरी दास्तान थी, इधर सब रिश्तों से अनजान, बस अपने में ही खोई जिन्दगियाँ थीं। वो जिन्दगी जिस पर नाज किया था बाबू जी ने। तभी नर्स दवा देने आयी, और आवाज देने लगी, माँ जी...माँ जी...!! उसने देखा नब्ज चली गयी थी, और बाबू जी हाथ पकड़े बस सर झुका के बैठे थे। लता के आखिरी स्वर कानों में तैर रहे थे।

हर बात से अनजान बनी....स्वीटी–''जान होल्ड करो ना...रखना मत स्वीटी ...स्वीटू।'' फिर चुम्बन के लम्बे अभिवादन फोन पर। नर्स भागी बाहर और बाहर से सलीम देख रहा था।

सलीम–''इंसानियत का क्या खूब तमाशा है, रिश्तों नहीं नाता है...।'' घूरती निगाह से उसने स्वीटी को देखा...।

स्वीटी–''क्या हुआ?''

सलीम–''तुमको ड्रामा करना नहीं माँगता मेम साहब!! तुम चालू रहो... ''

नर्स ने बताया, स्वीटी ने फोन किया–''हैलो, डैड...अभी किधर हो...?''

फोन पर क्या सुना, वो पता नहीं...। स्वीटी–''कोई नहीं, डैड खबर देनी थी, नाउ ग्रेनी नो मोर विथ अस...।''

फिर, थोड़ा मुँह बना कर बोली– ''डैड मैं बाडी ले कर जाती हूँ...!!'' बाहर चली गयी, और फिर अन्दर नर्स के पास...

''क्या एम्बूलेंस इन्हें छोड़ देगी?''

सलीम–''एम्बूलेंस होती है, नेक कामों के लिए, आप फिक्र ना करें आपकी महँगी गाड़ी का इस काम में इस्तेमाल नहीं होगा।'' नर्स ने घूर के देखा... ये सब सुन सुन कर बाबू जी के कन्धे झुकते झुकते टूटने लगे, हर एक बात वह सुन रहे थे। स्वीटी का पहली बार गोद में आना, और उनके बेटे का मुँह बनाना सब याद आ रहा था... और वही तोड़े जा रहा था...और साँसें छाती पर बल पैदा कर रही थीं, पसीने से तरबतर थे।

सलीम आया–''बाबा...पानी पी लो...'' नजर उठा के उन्होंने सलीम को देखा और पूरे एहसास को तपाते हुए हाथ उसके सिर पर फेरा।

स्वीटी–''चलो तुम चलो निकलो बाहर, कोई डिस्चार्ज हो या डेथ तुम लोग आ जाते अपनापन जताने, ये लो...निकलो...।''

पाँच सौ का नोट उसने पर्स से निकाल कर दिया और सलीम ने ये कहकर वापस किया कि टाक टाइम का टाप अप करवा लेना इससे।

वहीं खड़ी नर्स सलीम को घूर रही थी, जैसे उसे लालसा उस नोट की हो..। सलीम गुस्से से चला गया और खबर की डॉ. अनिमेष सर को। वह निकल चुके थे, वापस आये भागते हुए, तब तक लिफ्ट से उतर के बाबू जी और स्वीटी नीचे आ गये...। पीछे से आये डॉ. अनिमेष ने नम आँखों से पैरों को छुआ और बोले–''माँ, वादा किया है ना...मेरे ही घर आना...।''

बाबू जी, सब सुन रहे थे, स्वीटी ने फोन किया–''मॉम ! सब नाटक हो गया, आपकी पार्टी गयी, अब ये करिये कि शोक सभा के नाम पर सबको बुलाइये, कहिये शोक सभा है।"

बाबू जी अन्दर ही अन्दर सिसक रहे थे....। स्वीटी–''ड्राइवर, दादू को, दादी के साथ बैठा लो... मैं पीछे गाड़ी से आती हूँ।'' एम्बूलेंस निकली और घर पँहुची। दरवाजा खोलते ही दरबान और नौकरों ने देखा बाबू जी, शिथिल अवस्था में माँ जी का हाथ पकड़े और उनके कन्धे पर बाबू जी का सर...एक तरफ चश्मा लुढ़का सा पड़ा और उनके कान की मशीन जमीन पर पड़ी है।

हिन्दू संस्कार के चलते बाबू जी को पहले मुखाग्नि दी गयी, और फिर माँ जी को। और अनिमेष ने सलीम से कहा, ''मुक्तिबोध होते हुए वह, दोनों एक साथ हैं, सच्चा प्रेम है, जो आज भी उतना ही करीब उतना ही पास है।''

सच तो यह है कि...

•

कमल कपूर

सोने के बड़े से थाल सा सुनहरा और सुन्दर शरद-पूर्णिमा का चाँद टँका है आकाश के सीने पर। पूरे चाँद की इस युवा रात का इन्तजार साल भर रहता है आस्था को। इस शारदीय राशि को देख कर सदा प्रफुल्लित हो उठने वाला उसका मन बेहद उदास है आज क्योंकि इसके साथ पूर्णिमा मौसी की अनगिनत यादें जो जुड़ी हैं... जी हाँ! पूर्णिमा मौसी जो सिर्फ उसकी ही नहीं मोहल्ले भर की बल्कि ब्लॉक भर की जान थीं। शरद पूर्णिमा के दिन... नहीं-नहीं रात को उनका जन्म हुआ था इसीलिए उनके बाबूजी ने उनका नाम पूर्णिमा रखा था और बचपन से बड़ी फिर बूढ़ी होने तक अर्थात 85-86 साल तक की यात्रा के हर मोड़ यानी हर वर्ष का उनका जन्मदिन देसी तिथि के हिसाब से मतलब शरद पूर्णिमा के रोज ही मनाया गया। पहले उनके माँ-बाबूजी मनाते थे, फिर पति केशव कौशिक। अत्यन्त भव्य एवं पावन ढंग से मनाते थे उनके पति उनका जन्मदिन। पूर्णिमा मौसी के बड़े से घर के पिछले आँगन में एक छोटा-सा पूजा-गृह था, जहाँ नाथद्वारा से लाई श्रीनाथ जी की प्रतिमा प्रतिष्ठित की गयी थी। साथ ही राधिका रानी भी बिराज रही थीं। पूर्णिमा मौसी ठाकुर जी की सेवा-चाकरी जी जान से करती थीं।

शरद पूर्णिमा की साँझ 'भजन-कीर्तन' के नाम होती। पूर्णिमा मौसी खूब मेवे डाल कर खीर बनातीं और चन्द्रमा के प्रकाश-वृत्त में रख देतीं ठंडी होने को। उनका कहना था, "शरद पूनो के चाँद से अमृत बरसता है, जो खीर में समाहित हो जाता है।" जब चन्द्रमा आकाश के एकदम बीचोबीच आ जाता तो 'हाथी-घोड़ा पालकी जै कन्हैया लाल की' की सतत धुन के साथ ठाकुर जी को शरद-ज्योत्स्ना की छाँव में लाया जाता और उन्हें भोग लगा कर खीर का प्रसाद वितरित किया जाता और पूर्णिमा मौसी के जन्मदिन की बधाई गायी जाती। आस्था जब से व्याह कर आयी थी देख रही थी कि मौसी ने कभी किसी से जन्मदिन का कोई उपहार नहीं लिया।

यदि किसी ने जबरदस्ती की तो यह कहकर रोक दिया उन्होंने, "तुम नहीं चाहतीं कि यह पूर्णिमा कौशिक फिर कभी अपना जन्मदिन मनाये? देना ही है तो मेरे कान्हा जी को दो... वह भी सिर्फ फूल और श्रद्धा।"

यादें करवट ले रही हैं... लगभग उसी उम्र की थीं मौसी, जिस उम्र की आस्था आज है, जब वह ब्याह कर इस घर में आयी थी। अम्मा जी यानी उसकी सास उन्हें बड़ी बहन की तरह मानती थीं और 'जीजी' कहती थीं उन्हें और उसका प्रथम द्वाराचार भी अम्माजी ने नहीं मौसी ने किया था और मोती से शब्दों की भेंट भी दी थी साथ में—"तुम सौभाग्यवती हो आस्था बिटिया। और इस घर के लिए शुभ भी।" बस उसी पल से वह पति दीपक के साथ-साथ उसकी मौसी भी बन गयी थीं। फिर धीरे-धीरे उन्हें पूरी तरह देखा-परखा-जाना आस्था ने तो न सिर्फ कायल हुई उनकी बल्कि भक्त भी बन बैठी। अत्यन्त ठण्डे-मीठे स्वभाव की थीं मौसी। "बोलते हुए मुख से फूल झरना" कहावत पूरी तरह खरी उतरती थी उन पर। कभी भूले से भी किसी को चुभने वाला कोई शब्द उनकी जिह्वा से नहीं झरा। कोई तारीफ करता तो शहदीली मुस्कान बिखेरते हुए कहतीं, "प्यार के दो बोल किसी को धनवान बना देते हैं और हमारा कोई मोल भी नहीं लगता।" सहयोगी प्रवृत्ति की तो इतनी अधिक थीं कि उन्हें भनक लगने की देर होती और वह किसी भी जाने-अनजाने की मदद के लिए दौड़ी चली जातीं। दुनिया भर के दुःख-सुख में शामिल होने का ठेका ले कर आयी थीं जैसे वह भगवान के घर से।

यादें अँगड़ाई ले रही हैं... कोने वाले उस शानदार घर में सिर्फ दो प्राणी रहते थे... पूर्णिमा मौसी और उनके पति केशव अंकल। दो बेटे थे उनके जो कुछ 'ज्यादा' ही होनहार निकले। उच्च शिक्षा के लिए अमेरिका गये तो फिर वहीं के होकर रह गये... ब्याह कर गृहस्थियाँ भी वहीं बसा लीं। ये सब आस्था के ब्याह से पहले की बातें हैं। ऐसे गये वे कि मुड़ कर भी नहीं देखा। बस कभी-कभार फोन कॉल्स आ जाते या 'फादर्स डे' और 'मदर्स डे' के कार्ड्स परन्तु पूर्णिमा मौसी ने बच्चों की आलोचना या निन्दा नहीं की। वह कहतीं, "जिस सन्तान को जन्म देकर और पाल-पढ़ा कर हमने बड़ा किया है, हम ही उनकी बातें बनाएँगे या उन्हें कोसेंगे तो बाकी दुनिया छोड़ेगी क्या उन्हें? जहाँ हैं राजी रहें।" किन्तु कभी उनकी सराहनाओं के कसीदे भी नहीं काढ़े उन्होंने... बस तटस्थ भाव अपनाये रहीं। उनके विषय में बात ही न के बराबर उठातीं। धैर्य और सहनशीलता तो कूट-कूट कर भरे थे उनमें।

केशव अंकल अच्छी 'पोस्ट' से रिटायर हुए थे और बाद में भी अच्छी सी प्राइवेट नौकरी करते रहे। घर पुश्तैनी था... जिसे उन्होंने आधुनिक रूप दे दिया था। 'मैं भी भूखा न रहूँ, मेरा साधु न भूखा जाए' की तर्ज़ पर जिन्दगी जी रहे थे वे भले लोग।

केशव अंकल के दिल की धड़कन थी पूर्णिमा मौसी। तर्क-वितर्क और वाद-विवाद से कोसों दूर थे ये पति-पत्नी। सुबह-साँझ अपने 'रोमियो' की जंजीर थामे ये युगल-जोड़ी सैर पर निकल पड़ती। 'रोमियो' की भी खूब कही। उन्होंने सदा एक कुत्ता रखा।... जी भर प्यार लुटाया उस पर, खूब सेवा की और उसके काल कवलित होने पर दुखी भी हुए और किसी पारिवारिक सदस्य की तरह उसका 'संस्कार' भी किया। परन्तु चंद दिनों बाद ही दूसरा कुत्ता ले आते वे पर मजे की बात तो यह कि वे कुत्ते का नाम रोमियो ही रखते रहे। इस रोमियो नाम के पीछे क्या किस्सा या राज था, आस्था कभी न जान पायी लेकिन रोमियो उनकी जिन्दगी का अनिवार्य अंग ही रहा सदा।

यादें कसमसा रही हैं...बहुत खूबसूरत थीं पूर्णिमा मौसी। पूनम के चाँद सी ही उजली-खिली रंगत, गहरी कजरारी आँखें और बालों का रंग भूरा-सुनहरा। राम जाने किस निपुणता से वह बाल रँगती थीं कि कभी किसी ने उनकी एक भी लट सफेद नहीं देखी... स्वाभाविक भूरे-सुनहरे ही नजर आये उनके रेशमी बाल सदा, जबकि केशव अंकल के सारे... सारे क्या... बचे-खुचे चंद बाल सन से सफेद थे।

पूर्णिमा मौसी को कभी किसी ने साड़ी के अलावा अन्य किसी भी परिधान में नहीं देखा। दिन के किसी भी पहर या देर रात भी उनके घर गये तो साड़ी में ही नजर आयीं वह। साड़ी पहनने का ढंग भी इतना लाजवाब कि दिन भर पहने रखने पर भी एक भांज तक नहीं बिगड़ती उसकी और साड़ियाँ भी पारम्परिक, रंग-बिरंगी और भाँति-भाँति की कि देख कर मन-प्राण जुड़ा जाएँ। देश के हर प्रदेश या प्रान्त की साड़ी उनके 'वार्डरोब' की शोभा बनी हुई थी। बंगाल की ढाकाई, तंतुजा, तांत और रंगीन पाड़ वाली साड़ियाँ, राजस्थान की लहरिया, बंधेज, बांधनी और कोटा डोरिया, भोपाल की चंदेरी, मैसूर और बंगलोर की सिल्क, मुम्बई की महाराष्ट्रीयन साड़ी, पंजाब की फुलकारी या गुजराती बॉटिक या गोटा-पत्ती की... कौन सी ऐसी साड़ी थी जो उनकी कंचन-काया पर नहीं सजी? हर उत्सव या पर्व पर नयी साड़ी पहनतीं वह और उससे मैचिंग छनछनाती रेशमी काँच की चूड़ियाँ भी। लिपस्टिक कभी नहीं लगाई उन्होंने। उनके स्वाभाविक अरुणिमा लिए पतले-नाजुक होठों को जरूरत भी नहीं थी किसी बनावटी लाली की। हाँ! उनका गोरा-चौड़ा माथा छोटी चवन्नी के आकार की अबीरी बिंदिया से जरूर सदा चमकता रहता और माँग चुटकी भर चटक सुर्ख बंगाली सिन्दूर से। यही नहीं जिस सधवा की माँग सूनी देखतीं, चट् खुद सिन्दूर भर देतीं उसमें और कहतीं, "जब हम अपनी माँग भरते हैं तो समझो सीता मैया या गोरां माँ अपनी माँग भर रही हैं।"

पूर्णिमा मौसी और उनकी बातें? क्या याद रखे आस्था और क्या भूले? एक सर्द

साँस लेकर नदी की लहरों सी उमड़ती यादों को थाम कर आगे बढ़ी वह। पूर्णिमा मौसी न जाने कहाँ से खोज कर किसी अनाथ बच्ची को घर लातीं। उसे पढ़ना-लिखना, घर के कामकाज और तमीज-तहज़ीब से उठना-बैठना सिखातीं और युवा होने पर उसका ब्याह रचा देतीं। आस्था के देखते ही देखते चार लड़कियों के ब्याह रचाये थे उन्होंने। एक बार दीपक ने पूछा था उनसे, "मौसी! इतना पैसा और मेहनत खर्च करती हैं आप एक लड़की पर, फिर उसे ही आजीवन क्यों नहीं रख लेतीं? ब्याह कर बिदा क्यों कर देती हैं? क्या मिलता है आपको?"

"सुख मिलता है, सन्तोष मिलता है बच्चे! और भगवान का आशीर्वाद मिलता है और सनाथ बन चुकी उस अनाथ बच्ची की दुआएँ मिलती हैं। बता और क्या चाहिए मुझे?" यही नहीं उन लड़कियों से माँ की तरह निभातीं वह। ऐसी थीं पूर्णिमा मौसी। ब्रह्मा की मौलिक रचना थीं वह जिन्हें बना कर उन्होंने साँचा तोड़ दिया था, तभी तो उन जैसा कभी कोई नजर नहीं आया आस्था को।

"लो! तुम यहाँ बैठी हो और मैं घर भर में ढूँढ़ आयी तुम्हें," प्रभा दीदी के स्वर ने यादों के भागते कारवां को रोक दिया।

"अरे! प्रभा दीदी! आप कब आयीं?"

"इस वेला यहाँ... छत पर क्या कर रही हो? और किस सोच में गुम थीं कि मेरी आहट भी न सुन पायीं।"

"खीर बनाई थी वह ठंडी कर रही हूँ चाँद की छाया में और पहरेदारी कर रही हूँ कि कोई कुत्ता-बिल्ली मुँह न मार जाएँ। आधी रात ठाकुर जी को भोग लगाऊँगी... आज पूर्णिमा मौसी का जन्मदिन है न?" उदास स्वर में कहा आस्था ने।

"हाँ री बहना पर जन्मदिन कैसा? जन्मदिन तो जीते हुओं का हुआ करे। अच्छा छोड़। देख मेरी चूड़ियाँ... नया डिज़ाइन आया है मार्केट में। ले तेरे लिए भी लायी हूँ," कहते हुए एक पैकेट थमा दिया प्रभा दीदी ने आस्था के हाथों में।

"बहुत खूबसूरत चूड़ियाँ हैं प्रभा दी! बहुत ही प्यारी। करवाचौथ की बहुत रौनक होगी न बाज़ार में?" चूड़ियों के डिब्बे को सिर-माथे से छुआते हुए कहा आस्था ने।

"हाँ सो तो है। दिन ही कित्ते रह गये अब? अच्छा अब मैं चलती हूँ। तू भी नीचे आ जा। केशव को भी नहीं पता कि तू ऊपर है," कहते हुए दनादन सीढ़ियाँ उतर गयीं प्रभा दीदी और आस्था यादों के रुके कारवां को ले कर आगे बढ़ गयी।

सारा आलस त्याग कर यादें पूरी तरह जाग चुकी थीं... करवाचौथ का बहुत महत्त्व था पूर्णिमा मौसी के लिए। उनके जन्मदिन... शरद पूर्णिमा के आते ही करवाचौथ की दस्तकें सुनाई देने लगती थीं। वह 'सुहाग-भाग का त्योहार' कहती थीं इसे। आस्था की सास गोसाईं तो उसके ब्याह के पाँच बरस बाद ही चल बसी

थीं... ससुर जी पहले ही नहीं थे और न ही कोई ननद या देवर-जेठ। दीपक इकलौती सन्तान थे अम्मा जी की इसलिए अम्माजी के बाद ठीक उन्हीं की तरह मौसी ही करवाचौथ के नेग-शगुन देती रहीं उसे और वह भी पूज कर बायना उन्हें ही देती। हर बात... हर अन्दाज ही निराला था पूर्णिमा मौसी का। करवाचौथ से दो दिन पहले वह चूड़ी वाले को पकड़ कर ले आतीं और मोहल्ले भर की बहू-बेटियों को इकट्ठा कर स्नेहिल आदेश देतीं—"लो लड़कियो! पहनो हाथ भर-भर कर चूड़ियाँ... ये मेरी ओर से तोहफा है तुम सबको 'सुहाग-पर्व' का।" "हाय! कहाँ चली गयीं आप मौसी? लौट आइए न" एक दर्द भरी चीख आस्था के कंठ से निकली। लेकिन जुबान तक आ कर रुक गयी।

यादें कसक उठीं... यादें उफ! यादें... करवाचौथ के दिन तो पूर्णिमा मौसी की सजधज दर्शनीय होती थी। न जाने कौन-कौन से सन्दूक खोल पुरानी लेकिन एकदम नयी सी लगतीं... गोटे-किनारी, सलमा-सितारों जड़ी या जरी की रेशमी साड़ियाँ निकालतीं वह और दिन भर बदल-बदल कर पहनतीं। खूब गाढ़ी मेहंदी रचे उनके गोरे हाथ चूम लेने को जी चाहता। भूरे-सुनहरे बालों के ढीले जूड़े में मोगरे की कलियाँ की वेणी लगाये और उजले माथे पर सिन्दूरी सूरज सजाये चूड़ियाँ खनकातीं और शुद्ध आबदार मुस्कानों के मोती बिखेरती जब वह पूजा-स्थल पर पहुँचतीं तो अच्छी-खासी युवा बहू-बेटियाँ भी उनके दिव्य-रूप के आगे पानी भरती नजर आतीं।

पंजाबियों की तरह थालियाँ फेरने का रिवाज़ न पूर्णिमा मौसी के यहाँ था और न आस्था के यहाँ लेकिन उन्हें इसमें कोई हर्ज़ नजर न आता। अपने घर के बड़े से आँगन में वह यह 'सुहाग यज्ञ' रचातीं... सुहागनों का बड़ा सा सर्कल बना कर... बीच में बैठ कर वह करवाचौथ की कथा सुनातीं... साथ-साथ थालियाँ फेरते हुए सब गातीं... "कत्तीं ना, टेरी नाँ... लै वीरो कुड़िए करवड़ा, लै सर्व-सुहागन... लै भैन प्यारी वीरां! चन्न (चाँद) चढ़े तो पाणी पीवां..." साथ-साथ कथा आगे बढ़ती जाती और कथा-समापन पर हर साल हँस कर वह रटी रटायी सी एक बात जरूर कहतीं "अरे! पंडिताई नहीं करती तो क्या? हूँ तो खालिस ब्राह्मणों की बेटी और बहू भी। मेरी सुनाई कथा पूरी तरह लगेगी तुम लोगों को।"

"मौसी! आप ब्राह्मण न भी होतीं, तो भी आपसे कथा सुनना हमारा सौभाग्य होता," प्रभी दीदी कहतीं और शेष सब उनकी हाँ में हाँ मिलाते हुए चरण-स्पर्श कर उनसे ढेरों-ढेर आशीर्वचनों के मोती-रत्न प्राप्त करतीं। आस्था को हैरानी भी होती थी कि उम्र के इन पड़ावों पर पहुँच कर भी मौसी कैसे उपवास निभा पाती हैं और उन सबसे ज्यादा खिली रहती हैं। भूख-प्यास और थकान की हलकी सी भी रेखा उनके आभा दीप्त मुख-मंडल पर नज़र नहीं आती। उनकी यही विशेषताएँ तो उन्हें ख़ास

बनाती थीं... आम औरतों से हट कर एकदम 'खासमखास'।

अब फिर द्वार पर खड़ा दस्तक दे रहा है 'सुहाग-पर्व'। हवाओं में मेहंदी की महक घुलनी शुरू हो गयी है और चमचमाती चूड़ियों की खनक का संगीत भी साफ सुनाई दे रहा है परन्तु आस्था के मन में तनिक सा भी उत्साह नहीं। यादों के शूल दिल-ओ-दिमाग को लहूलुहान किए दे रहे हैं। 'बिन जल मीन' सी तड़प रही है वह। पिछले करवाचौथ तक तो उसके साथ थीं मौसी बल्कि दीपावली की साँझ तक भी साथ थीं। उनके पाँव छूने और मिठाई देने गयी थी तो घंटा भर बैठ-बतिया कर भी आयी थी उनके साथ।

वह दिन... कैसे भूल सकती है उस दिन को आस्था? वह दिन तो कभी न पिघलने वाली पक्की बर्फ की तरह जम गया है उसके जेहन में। जमे दही का कटोरा फ्रिज में रखने जा रही थी कि फोन की घंटी बजी। 'इतनी सुबह किसका फोन हो सकता है' सोचते हुए उसने रिसीवर थामा तो जैसे गाज आन गिरी उस पर... दही का कटोरा हाथ से छूट कर टूट गया और हाथ काँपने लगे। केशव अंकल का फोन था—"तुम्हारी मौसी नहीं रहीं बिटिया।"

"कैसे? कब अंकल? ऐसे कैसे हो सकता है?" कँपकँपी छूट रही थी उसकी।

"क्या बताऊँ कैसे बेटी? रात अच्छी भली सोयी... सुबह उठी ही नहीं। अब... तुम जल्दी आ जाओ," पनीले स्वर में कहते हुए फोन रख दिया था केशव अंकल ने।

रोते हुए दीपक को जगाया था आस्था ने और तुरन्त जा पहुँची थी मौसी के घर। ओह! कैसा अविश्वसनीय और हृदय विदारक दृश्य देखा था उसकी आँखों ने। दीपावली की सन्ध्या को ही उससे हँस-हँस कर बतियाने वाली उसकी प्यारी मौसी... उजले-धौले संगमरमरी फर्श पर बिछी एक दरी पर चिर शान्ति की नींद सोयी हुई थीं। उनके सिरहाने गेहूँ की छोटी सी ढेरी पर रखा दिया जल रहा था... शायद उनकी बैकुंठ की राह को आलोकित करने के लिए। चन्दन की अगरबत्तियों से कमरा महक रहा था... उस सुगन्ध में एक गन्ध और भी घुली हुई थी... और वह थी मृत्यु की मारक गन्ध। वह जो बिन आत्मा के दिव्य देह पसरी हुई थी सामने वह किसी की काकी थीं, किसी की भाभी, जीजी या फिर अम्मा पर उसकी थीं दुलारी मौसी और केशव अंकल की चहेती पत्नी। केशव अंकल ने उनकी माँग में सिन्दूर भरा बिछुए पहनाये और आहिस्ता से कहा—"चैन से जाओ पूनो अपने ठाकुर जी के पास। मेरी चिन्ता ना करियो," तो आस्था तड़प कर गले लग गयी थी उनके। प्रभा दीदी की जेठानी ने "सबको ऐसा ही अखंड सुहाग मिले" कहते हुए सब सौभाग्यवतियों से उनके शुभ-चरणों में नारियल-सिन्दूर चढ़वा कर प्रणाम करवाया था।

सब मौजूद थे वहाँ पर लेकिन जिन 'सपूतों' की वह माँ थीं वे नहीं थे... चलो...सात सागर पार थे, उस वक्त तो पहुँचना नामुमकिन था परन्तु बाद में भी नहीं आये... अस्थि-फूल-चयन से लेकर अन्तिम क्रिया तक भी। फोन पर फोन जरूर आये उनके लेकिन खुद नहीं आये। आस्था केशव अंकल के पास नित्य नियम से जाती। एक दिन झिझकते हुए पूछा उसने, "अंकल! भैया लोग नहीं आये? हैरानी की बात है न?"

"हैरानी उनके न आने पर नहीं, आने पर होती बिटिया। सारी दुनिया के दिलों पर राज किया तुम्हारी मौसी ने लेकिन अपने जाये बेटों के दिल में जगह न बना सकी भागवान," शान्त गम्भीर, ठहरे हुए स्वर में कहा था केशव अंकल ने।

"आप अकेले रह गये, यह भी नहीं सोचते वे?"

"कहाँ हूँ अकेला? पूनो की यादें संग हैं, तुम सब साथ हो। बोलो बिट्टो हाँ कि ना?" उदासी में भी मुस्करा उठे थे वह।

"माफ कीजिएगा अंकल! आपकी दुखती रग पर हाथ धर दिया मैंने," कहते हुए भरी आँखें और खाली मन लिए लौट आयी थी आस्था।

सब कुछ निपट गया.... 'सब कुछ' यानी दाह-संस्कार, अस्थि-चयन, तीये की बैठक, अस्थि-फूलों का गंगा-जल में प्रवहन, अन्तिम प्रार्थना और ब्राह्म-भोज भी तो उसे ऐसा लगा कि अब तक मौसी उसके आसपास ही बनी हुई थीं, चिर विदाई तो अब ली है उन्होंने। ब्रह्म-भोज वाले दिन आस्था की दृष्टि पूर्णिमा मौसी की उस बड़ी सी तस्वीर से नहीं हट रही थी, जिसमें सोलह सिंगार से सजी मुस्कुरा रही थीं वह। कितनी उजली और मीठी मुस्कान थी उनके गुलाबी होंठों पर।.... कुछ याद आया और आस्था सिसक उठी।

"इतने ध्यान से क्या देख रही हो बिट्टो?" केशव अंकल ने उसके कन्धे पर हाथ रखा तो वह चौंक गयी...."देख नहीं सोच रही थी अंकल कि मौसी 85-86 की उम्र तक भी श्रद्धा भाव से निर्जले कठोर उपवास करती रहीं, तभी तो इस उम्र में भी सुहागन गयीं वह। कितना रूप चढ़ा था उन्हें अंकल! लग ही नहीं रहा था कि..." आगे कुछ न बोल पायी आस्था।

"हाँ बेटी! बिल्कुल वैसी लग रही थी पूनो जैसी हमारे ब्याह के वक्त थी। वह मेरी जिन्दगी में आयी और मेरे भाग सँवर गये लेकिन एक राज की बात बताऊँ बेटी पर तुम अपने तक ही रखना," एक ठंडी साँस ले कर धीमे स्वर में कहा था केशव अंकल ने और आस्था ने खामोशी से उनका हाथ थपकते हुए एक उत्सुकता भरी सवालिया निगाह उनके चेहरे पर टिका दी थी।

"कैसे कहूँ बिटिया?" दो पल के मौन के बाद ब्रात बढ़ाई थी केशव अंकल ने, "तुम्हारी मौसी ने कभी करवाचौथ का उपवास नहीं रखा.... असल में मैंने ही नहीं

रखने दिया उन्हें।"

"ये क्या कह रहे हैं आप अंकल?" जैसे आसमान से गिरी थी आस्था।

"ठीक कह रहा हूँ बिट्टो। मेरे लिए पूनो भूखी-प्यासी रहे मैं बर्दाश्त नहीं कर सकता था और न ही इन व्रत-उपवासों में मेरा यकीन रहा कभी पर बाहर कभी किसी को पता नहीं चलने दिया हमने ताकि व्यर्थ के विवाद न खड़े हों...."

आस्था स्तब्ध खड़ी सुन रही थी और अंकल कह रहे थे, "बेटी! उम्र की डोरियाँ वह ऊपर वाला घटाता-बढ़ाता या काटता है। हम इनसानों के हाथ में कुछ नहीं तो व्रत-उपवास रख कर सोने सी काया को क्यों सुखाया जाए? यदि इस तरह के करतबों से पति की उम्र बढ़ती होती तो दुनिया में कभी कोई औरत बेवा न होती। समझ गयी न बिट्टो?"

हाँ समझ गयी थी.... अच्छी तरह समझ गयी थी। कैसे न समझती....?

"अरे आस्था! कहाँ हो भई? देखो तो कौन आया है," नीचे.... आँगन से दीपक पुकार रहे थे। यादों के बिखरे माणिक-मोती समेट कर खीर का भगौना उठाये आस्था सीढ़ियाँ उतरने लगी।

एक सुखद आश्चर्य की तरह केशव अंकल खड़े थे आँगन में.... सफेद झक्क धोती-कुर्ता पहने और मस्तक पर चन्दन-तिलक लगाये।

"अरे आस्था बिटिया! इन्तजार करते-करते थक गया तो खुद बुलाने निकल पड़ा सबको। तुम्हारी मौसी का जन्मदिन है आज। भूल गयीं क्या? सारी तैयारी करके आया हूँ। जल्दी पहुँचो।"

"पर मौसी तो अब हैं नहीं अंकल फिर उनका जन्मदिन....?"

"मौसी नहीं है तो क्या हुआ उनका जन्मदिन तो है न? जन्मी तो वह आज के दिन ही थीं न? जल्दी से जल्दी पहुँचो...." फिर जाते-जाते मुड़े.... "और हाँ! सब लड़कियों को कह देना कि कल चूड़ीवाले को बुलाया है मैंने" कहकर केशव अंकल चल दिए तो आस्था ने उन्हें पुकारा, "रुकिए अंकल!" और आगे बढ़ कर उनकी चरण-रज ले कर माथे से लगाते हुए बोली, "धन्य हैं आप अंकल!"

केशव अंकल चले गये आस्था के लिए एक मीठा और अनोखा अहसास छोड़ कर कि अगर मृत्यु एक अटल और शाश्वत सच है तो एक सच यह भी है कि जिन्हें हम सच्चे मन से चाहते हैं वह कभी जुदा नहीं होते हमसे.... मर कर भी नहीं, यही तो कहा करती थी पूर्णिमा मौसी भी और यही सिद्ध कर रहे हैं केशव अंकल भी। अब शरद पूर्णिमा का चाँद अच्छा लग रहा था आस्था को।

उत्कण्ठा

•

श्रीलक्ष्मी बट्टा

मौसम कितना खराब है... आज सुबह से हवा भी काफी तेज़ चल रही है, जैसे तूफान आने वाला हो। मुझे मौसम समाचार देखना चाहिए पता तो चले कि कहीं चक्रवात तो नहीं आ गया यहाँ! गत कुछ दिनों से 'केट' ने करिब्बेयन में अपना आतंक मचाया हुआ था, हम तक पहुँचने के लिए तो वह एक सप्ताह लेने वाली थी पर लगता है उसने आज ही आने का कार्यक्रम बना लिया है। अटलांटिक महासागर से लगे अमेरिका के इस ओर ग्रीष्म से शरद ऋतु तक चक्रवात आने की आशंका काफी अधिक होती है। बस यह महीना और फिर तो सर्दियाँ शुरू हो जाएँगी... फिर इनसे अगले साल तक के लिए पीछा छूट जाएगा।

कितना अच्छा हो अगर आज राकेश भी घर जल्दी आ जाएँ। मैंने उनके लिए कुछ खास सोचा है और फिर आज हमारी शादी की तीसरी सालगिरह भी तो है। वैसे तो यहाँ कभी बिजली जाती नहीं है पर जाने क्यूँ आज ऐसा लग रहा है कि बिजली रंग में भंग डाल कर ही मानेगी, पर कोई बात नहीं मोमबत्ती में भी काम चल ही जाएगा या फिर कहूँ माहौल रूमानी बनाने में बहुत मददगार होगा। हालाँकि मैंने इसके बारे में सोचा तो नहीं था पर यह ख़याल बुरा नहीं है, राकेश को चौंकाने के लिए भी यह अच्छा है, उनको भी यह अच्छा लगेगा।

कुछ दिनों से दफ्तर में काम इतना ज्यादा है कि सुबह का गया इनसान रात को ही वापस लौट पाता है। शादी का पहला साल तो बड़ी परेशानी में बीता दूसरे साल राहत मिली ही थी कि इस साल काम ने इनकी कमर तोड़ दी है, फिर भी यह उस आज़ाब से लाख गुना बेहतर है जो शादी के चन्द दिनों में हुई थी। उस समय तो बस यही डर लगा रहता था कि कल देखने के लिए जिन्दा बचेंगे भी या नहीं, मानो जैसे जल्लाद ने गले में फन्दा कस दिया हो...और बस धक्का देना बाकी रह गया हो...

अपनी सोच में इतनी खोयी थी कि जब अचानक से बिजली कड़की तो मैं इतनी तेज़ चीखी कि विश्वास ही नहीं हुआ कि वह आवाज मेरे ही गले से निकली थी। खुद को सँभाला और सोचा न जाने किस पर गिरी होगी यह गाज़! आवाज से तो लगता है कि कहीं पास ही में गिरी है।

क्यूँ न राकेश को फोन ही कर लूँ पता तो चले कि कब तक वापस आ सकेंगे दफ्तर से...इससे पहले मैं फोन मिलाती...फोन की घंटी बजी, मैंने उठाया तो दूसरी तरफ से आवाज ही नहीं आयी...सोचा शायद किसी ने गलत नम्बर मिलाया होगा। नम्बर काटा तो फोन फिर बजा, इस बार किसी के होने का आभास तो हुआ पर जो भी था वह कुछ बोला ही नहीं...समझ ही नहीं आया कि कोई मेरे साथ मजाक कर रहा है या फिर से गलत नम्बर मिल गया है। एक बार कोई गलत नम्बर मिला सकता है बार-बार नहीं...भला कौन हो सकता है जो फोन तो कर रहा है पर बात नहीं?

शक भी बड़ी अजीब सी अनुभूति है, एक बार दिमाग में घर कर ले तो उसे बाहर निकालना बड़ा मुश्किल होता है। कल ही की तो बात है जब राकेश अपने दोस्त नितिन का वाकया बता रहे थे...नितिन की पत्नी इतनी शक्की है कि उसने नितिन का जीना हराम कर रखा है। राकेश के हिसाब से तो नितिन की पत्नी ने उन पर परायी स्त्री के साथ चक्कर होने का आरोप लगाया है, उसने तो यहाँ तक कह दिया है कि जिस भी दिन वह दोनों रंगे हाथ पकड़े गये, वह उन दोनों को आड़े हाथ लेगी, और इसलिए वह अपनी माशूका को आगाह कर दे! बेचारा! मुझे उस पर कभी-कभी तरस आ जाता है...उसकी बीवी तो सच में किसी दिन उससे नाकों चने चबवा ही डालेगी।

खैर...मैं फिर सोच में पड़ कर फोन करना भूल ही गयी... चलो अब मिला लेती हूँ और पता करती हूँ क्या आज भी राकेश रोजाना की तरह देर से ही आएँगे? ऐसा हुआ तो उनके आने में अभी काफी समय है, अभी तो दोपहर ही है।

फोन तो मिलाया पर राकेश के फोन की घंटी लगातार बज रही है पर वह उठा नहीं रहे। क्यूँ न रिसेप्शनिस्ट का नम्बर मिला कर उनके लिए सन्देश छोड़ दूँ...जब उन्हें फुर्सत होगी वह मुझे फोन कर लेंगे। यह आज पहली बार तो नहीं जब मैंने उनके लिए सन्देशा छोड़ा हो पहले भी कई बार मैंने ऐसा किया है, पर न जाने आज मन बड़ा व्याकुल हो रहा है...शायद मौसम का असर है...अब तो जब तक राकेश से बात नहीं हो जाती तब तक मेरे दिल को चैन नहीं मिलेगा...और क्या पता राकेश ने ही मुझे फोन किया हो जो मुझे गलत नम्बर का मिलना लगा...और क्या पता

मौसम खराब होने के कारण फोन में ही कोई दिक्कत आ गयी हो...इन्तजार करने के सिवाय किया भी क्या जा सकता है। फोन अपने पास ही रख लेती हूँ ताकि जब भी राकेश फोन करेंगे तो मैं तुरन्त उठा पाऊँगी।

अब जब इन्तजार ही करना है तो क्यूँ न सिनेमा देख कर समय काटा जाए.. .सारे हिन्दी चैनल बदल कर देखे पर कुछ पसन्द नहीं आया... वही कहानियाँ कुछ नयापन नहीं रहा आजकल सिनेमा में...बदलाव के लिए आज अंग्रेजी सिनेमा ही लगा लेती हूँ...मैंने एडम एंड स्टीव सिनेमा लगाई जो समलैंगिक पुरुषों के प्रेम प्रसंग पर बनी है और यह चलचित्र काफी हास्यपद था। जैसा कि हर प्रेमी की चाहत होती है और जैसे हर सफल प्रेमकथा का अन्त होता है वैसे ही इसमें भी दोनों प्रेमी अन्त में विवाह सम्बन्ध में बँध जाते हैं। ऐसी कहानियाँ एक सामान्य मनुष्य को सोचने के लिए प्रेरित करती हैं...जैसे कि मैं यह सोचने पर मजबूर हूँ कि भले ही एक भारतीय के दृष्टिकोण में पश्चिमी सभ्यता कितनी भी बुरी क्यूँ न हो कुछ हद तक इसमें दोगलापन नहीं है। यदि एक इनसान समलैंगिक है तो वह इससे भागता नहीं कम से कम समाज में इसे घृणित दृष्टि से तो नहीं देखा जाता। कोई भी माता-पिता यह नहीं चाहते कि उनकी सन्तान समलैंगिक या नपुंसक हो। यहाँ भी ऐसी बातें सुनने में आती हैं जहाँ एक बच्चा अपने समलैंगिक रुझान को अपने माता-पिता से छुपाता है पर वयस्क होने पर अपने अधिकारों का इस्तेमाल करने में नहीं हिचकिचाता।

नपुंसक भले ही दिखते न हों पर यहाँ के समाज का अभिन्न अंग तो हैं। ऐसा नहीं है कि यहाँ सभी लोग इन वर्गों के लोगों को स्वीकृति देते हों पर उन्हें समाज से बहिष्कृत तो नहीं करते...यहाँ शायद ऐसे बच्चे बाकी बच्चों संग समान रूप से शिक्षा तो ग्रहण करते होंगे...भारत में तो इनको हम शिक्षा संस्थानों में देखते ही नहीं हैं...तो ऐसे बच्चे पढ़ने कहाँ जाते होंगे? या फिर उनसे यह अधिकार भी छीन लिया जाता है? मुश्किल यह है कि ऐसे विषयों पर प्रश्न पूछना भी बड़ों द्वारा निषेध बताया जाता है।

भारत में तो आज भी जाति, धर्म, वर्ग, सम्प्रदाय के नाम पर कितने बालिग प्रेमियों को अलग कर दिया जाता है...तो समलैंगिक या नपुंसकाओं की क्या हैसियत...क्यूँ हमारी सोच आज भी इतनी संकुचित है कि हम एक वयस्क को उसके अधिकारों से वंचित कर देना चाहते हैं? माता-पिता हमें पढ़ा-लिखा किसी काबिल तो बनाते हैं पर आज भी अपने लिए सही निर्णय लेने लायक नहीं समझते?

कर्णभेदी फोन की घंटी ने मुझे ख़यालों की दुनिया से बाहर खींचा...और मैंने उत्साह से फोन उठा कान पर लगा कर कहा, "राकेश आपको मेरा सन्देश मिल गया अच्छा किया आपने फोन कर लिया!" कुछ देर लगातार बोलने के बाद ध्यान आया...मैंने तो

राकेश को कुछ बोलने ही नहीं दिया फिर अपने उल्लास को सहेजा और कहा मुझे माफ कीजिए मैंने आपको बोलने का मौका ही नहीं दिया... पर दूसरी ओर से कोई भी आवाज नहीं आयी...मेरी समझ में नहीं आया कि कहीं फिर फोन तो नहीं कट गया... मेरी बेवकूफी के कारण राकेश ने जिस वजह से फोन किया था वह तो पता ही नहीं चला. .. पर तभी मेरा ध्यान फोन में से आयी आवाज़ की ओर गया! कोई पीछे किसी को मारने की धमकी दे रहा था...और फिर जिसने फोन किया था उस आदमी ने कहा हम तुम्हें नहीं छोड़ेंगे...आवाज हिन्दी में थी और यह सुन कर मेरे हाथ-पैर फूल गये, इससे पहले कि दिमाग काम करता फोन कट चुका था... मैंने नम्बर देखा, नम्बर था 737-874-2833...मैंने यह नम्बर मिलाया तो फोन काम ही नहीं किया...नम्बर लगने से पहले ही फोन कट जाता... फिर सोचा क्यूँ न टेलीफोन निर्देशिका में देख लूँ क्या पता किसी के नाम पर यह नम्बर जारी किया हो...पर वहाँ भी कुछ हाथ नहीं लगा। अब मेरी घबराहट और बढ़ गयी थोड़ा पानी पिया और सोचने लगी कि क्या पुलिस को फोन करके बता दूँ पर क्या बोलूँगी कि किसी ने हमें धमकी दी है? पर क्या मुझे राकेश को पहले बताना नहीं चाहिए? एक बार राकेश का नम्बर फिर मिला कर देख लेती हूँ... जहाँ मैं एक तरफ राकेश से बात करने को उतावली थी वहीं दूसरी ओर मेरा दिमाग कई तर्क दे रहा था... इनमें से एक कि हमारे परिवार वालों ने हमें ढूँढ़ लिया है और अब चन्द घंटों में हमारा काम तमाम हो जाएगा... और इस डर के मारे मुझसे नम्बर भी नहीं मिल रहा था... एक गलत नम्बर तो मैं मिला चुकी थी...जिस मोहतरमा ने फोन उठाया मैंने उनसे माफी माँगी और फोन काटा... अगली बार राकेश के दफ्तर का नम्बर मिलाया पर मेरी बदकिस्मती तो देखो...राकेश का नम्बर लगा ही नहीं... हताश हो मैं दुआ करने लगी कि मेरा डर बे-बुनियाद हो... पर फिर लगा हिन्दी में इस तरह की धमकी का आना वह भी हमारी शादी की सालगिरह पर...संयोग तो नहीं हो सकता...और अगर सच ही में हम मरने वाले हैं तो राकेश तक पहुँचने का रास्ता फटाफट निकालना होगा... जैसे हमने 3 साल पहले खुद को बचाया था वैसे ही कोई तरीका तो सोचना होगा...पर अकेले यह सम्भव नहीं...राकेश तक हर हाल पहुँचना होगा!

तकनीकी उपलब्धि के कारण आज हम इंटरनेट का इस्तेमाल खरीदारी, पढ़ाई तथा कई और अनगिनत कार्यों के लिए करते हैं...उनमें से एक फटाफट बातचीत करने के लिए और तुरन्त सन्देशा पहुँचाने के लिए भी हैं... मैंने भी यही सोचकर इंटरनेट पर राकेश को सन्देशा भेजा... और सोचा लगे हाथों उस नम्बर को भी ढूँढ़ लूँ क्या पता वह व्यक्तिगत नम्बर हो और टेलीफोन निर्देशिका में दिया ही न गया हो...

खोज में जो बातें बाहर आयीं वह और भी दिल दहला देनी वाली थीं...जानकारी के हिसाब से जब कोई इनसान *67 लगाकर फोन मिलाता है तो 737-874-2833 नम्बर आता है...और यह अपना असल नम्बर छुपाने के लिए किया जाता है।

भला कोई मुझसे अपना नम्बर क्यूँ छुपाएगा? क्या सच में कोई हमें यहाँ मारने के लिए आ चुका है। यह लोग हमें चैन से जीने क्यूँ नहीं देते? हमारा गोत्र एक था पर दूर-दूर तक न हमारे रिश्तेदार एक दूसरे से जुड़े थे और न ही हमारे परिवार... राकेश के पिता मेरे ताऊजी के मित्र थे...और एक ही जगह के निवासी थे, तो हमारा एक-दूसरे से शादी करना गुनाह कैसे हो गया? और अब उस मानहानि की सजा हमें मार कर मिलेगी? यह कैसा न्याय है? देखा जाय तो अमरीका और भारत में कितना फर्क है...यहाँ समलैंगिक और नपुंसक आम लोगों की तरह उठते-बैठते हैं...वयस्क प्रेमी जोड़े अपनी मर्जी से बिना शादी के भी अपनी जिन्दगी एक साथ जीते हैं।

पता नहीं भारत में कब तक लोग किसी न किसी नाम पर बालिग लोगों की भी बलि चढ़ाते रहेंगे...अगर राकेश की नौकरी यहाँ नहीं लगी होती और हम एक अनजान देश नहीं आये होते तो शायद अब तक हमारे परिवार वाले हमें खोज ही निकालते और या तो दोनों को अलग कर दिया होता और जबरन मेरी शादी किसी और से करवा दी होती या फिर दोनों को ही मौत के घाट उतार दिया होता। जैसा किरण और सुनील के साथ हुआ था।

अगर मेरी चचेरी बहन की शादी के दिन जब हम भागे थे मौसम खराब न हुआ होता और सब उसकी शादी में व्यस्त नहीं होते, तो हम दोनों पकड़े जाते। यही नहीं, जब हम हाइवे पर गाड़ी न मिलने की वजह से छुपे हुए थे तब भी कोई भी हमें पकड़ सकता था...मरी किस्मत ने हमारा साथ दिया कि जैसे ही खोजी टोली हम तक पहुँच पाती हम बस में बैठ चुके थे... मैंने उनमें से कुछ के हाथों में लट्ठ और कुछ के पास तमंचे देखे थे...जब भी मैं वह रात याद करती हूँ मेरा दिल बैठ जाता है... वह तो भला हो राकेश के उस उदार हृदय दोस्त का जिसने हमें अपने घर में शरण दी जब तक हमने शादी कर परदेश आने का वीसा नहीं लिया।

आज लग रहा है खामख्वाह ही भागे...कम से कम उस समय मरते तो एक साथ तो होते अब राकेश दफ्तर में हैं और मैं घर पर...मुझे तो पूरा विश्वास था कि न मिलने पर हमारे परिवारों ने हमें सांकेतिक रूप से मृत घोषित कर हाथ भी धो लिए होंगे...और खाप पंचायत में नियम और भी कड़े कर दिये होंगे...

कुछ ही दिन पहले राकेश ने बताया था कि हरियाणा के खाप पंचायत के आयोजक नरेश कदयान ने न्यायालय में याचिका डाली थी कि समान गोत्र की शादी

को अवैध करार दिया जाए जिसे न्यायाधीशों ने ख़ारिज़ कर दिया यह कह कर कि नरेश को गोत्र क्या होते हैं इसकी जानकारी ही नहीं है और आगे से वह ऐसी बे-फिजूल की याचिकाओं से न्यायालय का समय बर्बाद ना करे।

मेरा अभिप्राय तो यह था कि कोई भी नियम समाज में इसलिए बनाये जाते हैं ताकि उस समाज में लोग अनुशासन से रहें और अपनी मर्यादा का उल्लंघन ना करें पर इतने सालों में जिन लोगों ने यह नियम बनाये थे वह नहीं रहे पर मूर्खतावश उनकी सन्तति ने इनको पत्थर की लकीर मान लिया है, पर आज पढ़े-लिखे लोग इस पर प्रश्न उठा रहे हैं और जानना चाहते हैं कि यह सोच दकियानूसी नहीं तो और क्या है? इसका कोई वैज्ञानिक स्पष्टीकरण तो देता नहीं और यह कहना कि हमारे बड़ों ने यही सही बताया है तो यह तो अन्धा समर्थन हुआ... पता नहीं राकेश क्या कर रहे होंगे... जाने उन्हें मेरे सन्देश मिले होंगे या नहीं... पहले मैं सोचती थी कि यदि सभी शिक्षित हों तो समस्या का हल निकाला जा सकता है पर अब मुझे लगता है शिक्षा अकेले ही बदलाव नहीं ला सकती... हमारी मानसिकता को भी एक बदलाव की आवश्यकता है पर ऐसे बदलाव एक दिन में नहीं आते...परिवर्तन में समय लगता है।

फोन की घंटी फिर से बज रही है... मैं उठाऊँ या न उठाऊँ के असमंजस में फँसी कोई निर्णय ही नहीं ले पा रही हूँ पर जब यह ख़याल आया कहीं राकेश तो नहीं... तो सारे डर भूल कर मैंने फोन उठा लिया। खुश-किस्मती से वह राकेश ही निकले... मैंने चैन की साँस ली और सारी बात बतायी... राकेश ने बताया वह थोड़ी देर में घर आ रहे हैं और साथ ही कहा ब्लैंक काल्स तो सभी को आते हैं पर आज भी आये थे जैसे कि तुमने बताया... पर इससे मुझे इतना घबराना नहीं चाहिए. ..आज हैलोवीन है जहाँ लोग एक दूसरे के साथ मसखरी करते हैं...तो हमारे ही किसी दोस्त ने हमारे साथ यह मज़ाक किया होगा। तुम इन्तजार करो थोड़ी देर में दूध का दूध और पानी का पानी हो जाएगा। अब तो बारिश थम गयी है तो शायद लोग अब अपना त्योहार मना सकेंगे और हमें परेशान करने वाला भी सामने आ जाएगा।

राकेश से बात खत्म होने पर मैंने सोचा कि ऐसे घटिया मज़ाक की कोई सोच भी कैसे सकता है... लोगों की संवेदनशीलता को क्या होता जा रहा है। मजाक अपनी जगह है और धमकी देना अपनी जगह... राकेश को बोलना होगा ऐसे दोस्त होने से, तो उनका न होना ही अच्छा! जो आज घटा उसको एक बुरा अनुभव मान कर मैं खाना बनाने में जुट गयी।

जेब्रा क्रॉसिंग

•

विपिन चौधरी

कई दिनों की भाग-दौड़ के बाद आज मिसेज टंडन ने सुगन्धा की पीएच.डी. के विषय को फाइनल किया। 'समकालीन समाज में सम्बन्धों की बदलती परिभाषा' सबसे पहले सुगन्धा ने मेन लाइब्रेरी जाकर विषय से सम्बन्धित किताबें इशू करवाईं उसके बाद नये वाले स्टैण्ड पर टैक्सी का इन्तजार करने लगी। टैक्सी का मीटर डाऊन होते ही सुगन्धा के दिमाग की कोशिकाओं ने अपने आस-पास के रिश्तों का मुआयना करना शुरू कर दिया।

जीवन के सफर में चलते-चलते सुगन्धा ने यह तो अच्छी तरह से जान ही लिया था कि कुछ रिश्ते समय के साथ बदलते जाते हैं और कुछ विकसित होते चलते हैं, खुद उसके नजदीक के कई रिश्ते विकास का सबब बने और कई रिश्ते कारण और अकारण ही मानसिक अवसाद का जरिया बन गये थे।

इसी क्रम में सोचते-सोचते सुगन्धा की गाइड ही पहले पहल सब्जेक्ट बनकर सामने आयी। गाइड माने मिसेज टंडन, 'सोशल स्टडीज विभाग' की हैड ऑफ डिपार्टमेंट। जिनका बिंदास स्वभाव कॉलेज परिसर में हमेशा चर्चा का विषय बनता आया था। लोग उसके बारे में कहा करते थे कि सभी नये कुलपतियों की चापलूसी कर वह अपने सभी काम-काज निकलवा लेती हैं। उनके बारे में ये भी कहा जाता है कि मिसेज कल्पना टंडन बड़ी तेज औरत हैं, इसी तेज स्वभाव के कारण इसकी अपने पति से नहीं पटी। लोग-बाग यह भी कहा करते कि मिसेज टंडन ने अपने पति को जूतों से पीट-पीट कर घर से बाहर कर दिया था। बेचारा सीधा-सादा कपिल टंडन चाहता है कि घर का माहौल शान्त रहे पर कहीं न कहीं इस विवाहित रिश्ते के बीच काँटेदार झाड़ी उग ही आती थी। बीच-बीच में मिसेज टंडन अपनी अविवाहित सोशलआइट महिला दोस्त कुसुम अवस्थी के फ्लैट में रहने चली जाया करती थी तब घर का वातावरण और कलहपूर्ण हो जाता। लोग कानाफूसियों में यह

भी कहा करते थे कि कुसुम अवस्थी और कल्पना टंडन के बीच लेसबियन सम्बन्ध हैं।

ऊपर से सीधे-सादे से दिखने वाले कई सम्बन्ध भीतर से बेहद जटिल थे, सभी सम्बन्ध अलग-अलग राहों पर चल रहे थे और हर राह एक-दूसरे से अलग थी। हर रिश्ता कहीं पर कमजोर तो कहीं पर बलवान था। रिश्ते, जो एक-दूसरे की रगड़ से आग की चिंगारी छोड़ रहे थे। रिश्ते, जो एक-दूसरे से मिलकर गुलाब हो रहे थे।

तो यह तय ही था कि सुगन्धा को काफी मशक्कत करनी पड़ेगी अपने शोध पर।

हॉस्टल की राह पकड़ती सुगन्धा के मन में कई रिश्तों की परछाइयाँ पड़ने लगीं।

इस समाज का ताना-बाना इनसान और उसके सामाजिक सम्बन्धों के इर्द-गिर्द बनाया गया था बावजूद इसके हर इनसान एक मोड़ पर आकर अकेला हो जाता था।

क्यों और कैसे?

सुगन्धा ने बिहार के अपने छोटे से कस्बे से बाहर निकल कर मुम्बई महानगर में समय बिताते हुए कई अनोखे रिश्तों को नये सिरे से जाना और समझा था।

जिस वर्किंग वुमेन हॉस्टल में जहाँ वह रह रही है वहाँ भी सब कुछ नया सा था उसके लिए। महानगर की लड़कियाँ बेधड़क रोज नये रिश्ते स्थापित कर रही हैं। अपने माँ-पिता, नानी-नाना के बीच के बन्द रिश्तों से ठीक विपरीत महानगर के ये खुले-खुले और उछलते-कूदते रिश्ते।

कई बार पुराने और मजबूत रिश्तों को भी दरारों का डर लगने लगता था। सुगन्धा के नजदीक अपने दादा-दादी का रिश्ता था, एक जिस्म दो जान जैसा। अपनी माँ-बाबा के कई किस्से अक्सर उसकी बड़ी बुआ सुनीति सुनाया करती है। एक किस्सा सुगन्धा को हमेशा याद रहता है। एक बार दादा जी को अपनी दूर की विधुर रिश्तेदार महिला जो शहर की मेयर थी, के पास किसी काम के सिलसिले से जाना पड़ा, तो दादीजी की यही कोशिश रही कि दादाजी उस महिला के घर न जाएँ।

दादी ने दादा को हर बार टोकते हुए यही कहा, 'वह राँड लुगाई है उसके घर जाना ठीक नहीं।'

और सुगन्धा की वह पड़ोसन रानीबाला आंटी, जिन्हें अपने पति पर इतना अधिक अविश्वास था कि अपनी युवा कामवाली के आने पर वह उसके पीछे-पीछे रहती कि कहीं उसके पति कामवाली पर रीझ न जाएँ।

सुगन्धा अक्सर सोचा करती, कैसे रहते होंगे मन में अविश्वास पाले हुए लोग, एक ही छत के नीचे इस तरह एक-दूसरे के मन में अविश्वास के दोमुहे जहरीले

साँप को पाले हुए।

कई ऐसे रिश्ते भी थे जो जीवन में किसी तीसरे के आने से अपने पुराने समीकरण बदल रहे थे। सुगन्धा की रूम मेट अचानक अपने 'मैरिड स्टेटस' से 'सिंगल' का स्टेटस अपडेट कर रही थी और दूसरी 'सिंगल' से 'एंगेज्ड' हो रही थी।

कुछ सहेलियाँ बिना ब्वॉयफ्रेंड के दुखी हो रही थीं और जिनके ब्वॉयफ्रेंड थे वे भी हर दूसरे दिन लड़ती और रोती थीं और जिनके जीवन में सब ठीक-ठाक चल रहा होता कि एक दिन उनका ब्वॉयफ्रेंड अचानक से अपनी गर्लफ्रेंड से कह देता, मुझे लगता है कि हमें अपने इस रिश्ते पर फिर से सोचना चाहिए और लड़की सहम जाती।

एक दूसरी लड़की जिसकी अपने पसन्द के लड़के से सगाई होने वाली थी। वह सुबह हँसी-खुशी से ऑफिस जाती पर लौटती और हॉस्टल आती तो अपने प्रेमी की किसी बात पर मुँह लटकाए हुए होती।

यह सच है मगर यह सिर्फ खबर नहीं थी, बिजली की लपट थी जो हर सुनने वालों के दिलों पर जा टूटी थी। सुगन्धा को मामी की याद आयी। सोनी मामी और उनकी लड़कियाँ मानो मधुमक्खियों का भिनभिनाता हुआ छत्ता।

लड़कियों ने सबसे ज्यादा घायल रोशन मामा को ही किया था, बड़ी लड़की चिंटू ने जो डंक दिया उससे रोशन मामा और सोनी मामी खूब बिलबिलाये।

रोशन मामाजी कहा करते थे घर की चार बेटियाँ घर के चार चमकते कोने हैं। आज सुगन्धा देख रही है घर के इन्हीं चारों कोनों से जा टकराने वाली स्वस्थ्य आवाजों की प्रतिध्वनियाँ किस बेतरतीबी से विक्षिप्त सी हो कर वापस लौट जा रही थीं।

जब सुगन्धा अपनी बड़ी बहन कनिका के डॉक्यूमेंटरी प्रोजेक्ट के सिलसिले में रोशन मामा के शहर जालन्धर पहुँची तो घर के दो कोने तो घायल हो चुके थे तीसरा कोना यानी तीसरी बेटी टिंकू खूब भली लड़की के रूप में घर को सुशोभित कर रही थी।

और जब दूसरी बार पूरे छह महीने के बाद सुगन्धा अकेली ही आयी तब रोशन मामा का हृदयाघात के कारण निधन हो चुका था। मामा की गैरहाजिरी में घर का बोलता-बतियाता आँगन एकदम से गूँगा-बहरा हो गया था।

घर ने एक बार फिर से नयी करवट ले ली थी और इस बार भी उसका मुँह दुख की तरफ था और सुख की तरफ थी उसकी पीठ। सोनी मामी की दायीं हथेली पर एक बार फिर से एक नये दुख की लम्बी और गहरी रेखा आ जुड़ी थी और उनकी पेशानी पर चिन्ता की एक नयी तह साफ नजर आने लगी थी।

रसोईघर में सुगन्धा के सामने ही तो बैठी थी सोनी मामी जब उन्होंने कहा था, "अपनी बेटियों का दुख लील गया तेरे मामा को सुगन्धा।"

सोनी मामी की भर्रायी हुई गम्भीर आवाज ने इस वाक्य में सिर झुका कर बैठे हुए दुख के घनत्व को और भी व्यापक कर दिया। इसी घनत्व के प्रभाव से ही सुगन्धा कुछ देर के लिए इस वाक्य के आस-पास ही कहीं फ्रीज हो गयी। स्थिरता की इस स्थिर घड़ियों के अन्तराल में सुगन्धा के जहन में दुख की ढेर सारी परिभाषाएँ आयीं और एक गहरी चोट दे कर उलटे पाँव लौट गयीं।

कहा जाता है, उदासी समय के पंखों पर सवार हो कर उड़ जाती है पर यहाँ तो समय के कोमल पंख दुख का बोझ ढोने में असमर्थ दिखाई पड़ रहे हैं और जिस लाल रंग को हमेशा से खुशी का वायस माना जाता रहा है वही सुर्ख लाल रंग घर के पर्दों में सिमटा हुआ बार-बार लहराता दिख पड़ रहा था लेकिन यहाँ खुशी का कोई नामोनिशान नजर नहीं आ रहा है।

रोशन मामाजी कहा करते थे घर की चार बेटियाँ घर के चार चमकते कोने हैं। आज सुगन्धा देख रही है घर के इन्हीं चारों कोनों से जा टकराने वाली स्वस्थ आवाजों की प्रतिध्वनियाँ किस बेतरतीबी से विक्षिप्त सी हो कर वापस लौट जा रही थीं।

अपने ठीक सामने बैठी सोनी मामी के दुख को उनके क्लान्त चेहरे से टपकते हुए साफ देख पा रही थी सुगन्धा। दुख, जो इस घर की आबोहवा में आँख खोल कर सोती हुई मछली सा मजे-मजे में बेखबर सा तैर रहा था। कुछ पल यूँ ही गुजर जाने के बाद सुगन्धा ने देखा, मामी की आँखों से आँसू, बूँद-बूँद बरसात की मानिंद बरसने लगे थे। सुगन्धा को अपनी तरफ यूँ एकटक देखते हुए मामी पल भर को सकपकायी।

"तुझे भूख लगी होगी सुगन्धा पहले तेरे लिए थोड़े से आलू-मटर की सब्जी छौंक दूँ बाद में सबके लिए बना लूँगी।"

बाकी कौन, यानी खुद सोनी मामी, स्नेहा, रिंकू और सिंटू। सुगन्धा ने मन ही मन गिनती की।

"नहीं, एक साथ ही बना लीजिए मामी जी।"

"दो मिनट की तो बात है बेटी।" मामी की आवाज अब भी भर्रा रही थी। मटर छीलना छोड़ कर मामी दुपट्टे के किनारे को अपनी आँखों के करीब ले आयी।

मामी के चेहरे से नजर हटा कर सुगन्धा ने छत की ओर देखते हुए कहा, "आज कैंटीन में ब्रेड-पकौड़ा खा लिया था मामी। इतनी भूख नहीं है। सब इकट्ठे ही लंच करेंगे।"

गुड़गाँव में सुगन्धा के पड़ोस में रहा करता था मामा-मामी और उनकी चार बेटियों का बड़ा मगर सुन्दर सा परिवार। पड़ोसी तो वे थे ही कहीं दूर की रिश्तेदारी भी आ जुड़ी थी दोनों परिवारों के बीच में। मामा की चारों बच्चियों समेत परिवार के सभी लोग एक से बढ़कर एक खूबसूरत थे। उनका घर सुन्दरियों की एक पनाहगाह सा लगता। रोशन मामा और सोनी मामी के हँसते-खेलते परिवार पर पहला वज्रपात उस वक्त हुआ जब उनकी सबसे छोटी बेटी सिंटू को पन्द्रह साल की उम्र में अचानक से न जाने किस रोग ने आ घेरा, उसे अचानक ही तेज बुखार हुआ और धीरे-धीरे उसके शरीर में विकृति आ गयी, सुन्दर चेहरा टेढ़ा हो गया। अधरंग जैसे ही किसी अचिन्हित रोग ने पकड़ लिया जिसका आधुनिक विज्ञान के पास भी कोई इलाज नहीं था।

तब मामा के परिवार ने अपने घर में दुख की पहली पदचाप सुनी, जिसे सुन मामा अकेले में खूब रोये थे और मामी तो साक्षात शिला बन गयी थी। मामा कई दिनों तक दफ्तर नहीं जा सके थे वे भीतर से टूट गये थे। यही वे दिन थे जब मामा ने पहली बार शराब के दामन को कस कर पकड़ लिया था।

उसी आँगन में चारों लड़कियाँ क्रम से बड़ी होने लगीं।

चौथी बेटी सिंटू की गतिविधियाँ अपनी व्हील चेयर के ईद-गिर्द ही सिमट कर रह गयी थीं। पर हिसाब-किताब में अव्वल थी वह। मामा घर का सारा हिसाब-किताब उससे ही करवाया करते।

तभी सुगन्धा के पिता का तबादला पठानकोट हो गया और सोनी मामी और रोशन मामा से दूर की रिश्तेदारी का यह कच्चा-पक्का रिश्ता जमीनी तौर पर भी मीलों दूर चला गया।

फिर तो मामा-मामी की जो भी खबर मिलती वो चंद खुराफाती रिश्तेदारों की कानाफूसियों के मार्फत ही मिलती।

"रोशन की बड़ी बेटी चिंटू ने मामा से लड़-झगड़ कर अभिनेत्री बनने का कोर्स जॉइन कर लिया है। रोशन उसे एक पैसा भी नहीं भेजता, खुद ही अपने रहने सहने का इन्तजाम करती है बेचारी लड़की।"

घर से चले जाने के बाद ही चिंटू का दाना-पानी इस घर से उठ गया था। मामा ने फिर अपनी बड़ी बेटी की जीवन भर सुध नहीं ली।

फिर कुछ वर्षों के बाद सुनने में आया कि रोशन मामा की दूसरे नम्बर की लड़की रिंकू अपने सहपाठी के साथ प्रेम में डूब कर काठमाण्डू भाग गयी है। बेटी के इस काण्ड से रोशन की बरसों से कमाई इज्जत मिट्टी में मिल गयी है, वे गुड़गाँव

वाला पुराना मकान बेच कर जालन्धर चले गये हैं।

फिर कुछ समय बाद सुगन्धा को अपनी बड़ी चाची की मार्फत पता चला कि रोशन मामा ने रिंकू और उसके प्रेमी को घर में नहीं घुसने दिया। वह अपनी ससुराल में रहने लगी हैं। सुना है उसकी सास पूरी खड़ूस है। उसे दिन-रात काम में झोंके रखती है और रिंकू के पति को हमेशा उससे दूर रखने की चालबाजियों में लगी रहती है। इसी चक्कर में उसने अपने लड़के को कहीं दूर पढ़ने को भेज दिया है।

रिंकू, सुगन्धा की हमउम्र थी। बचपन में दोनों ने एक साथ दो वर्ष पढ़ाई की थी। सुगन्धा को जब भी रिंकू की याद आती तो गीत-नृत्य में प्रथम रहने वाली दो लम्बी चोटी वाली तेजस्वी लड़की ही ध्यान में आती।

किस्सों को तो सिर्फ जुबान चाहिए, जुबान चाहे रुक्माँ काकी की हो या संतरो काकी की सभी रिश्तेदार मामा की बेटियों के किस्से खूब नमक-मिर्च लगाकर सुनाते। जहाँ रिश्ते की तीन-चार-छह औरतें एक साथ बैठीं, वहीं किस्से मधुमक्खी की तरह इकट्ठे होते और बातें एक मुँह से दूसरे कान तक होते हुए देर सवेर सुगन्धा के घर-परिवार तक आसानी से पहुँच ही जातीं।

मामी का परिवार एक परिवार जैसा ही था पर न जाने ऐसा क्यों लग रहा था की कहीं न कहीं एक कड़ी बीच से टूट गयी है। रिंकू अपनी चार साल की बेटी स्नेहा के साथ अपने माँ-पिता के घर पर ही रह रही थी। वह घर.पर छोटे बच्चों की डांस क्लासेस लिया करती थी। एक बन्द कमरे में रिंकू का सामान था जो हर आते-जाते मेहमान से रिंकू के दाम्पत्य जीवन की चुगली कर दिया करता था।

रिंकू और उसके पति के बीच कुछ झोल है। जिसे घर का कोई सदस्य किसी बाहरी मेहमान के सामने उजागर नहीं होने देना चाहता।

बचपन के बेलौस दिनों में तो सुगन्धा और रिंकू के बीच में कोई रहस्य नहीं था फिर बड़े होने के बाद क्यों ये रहस्य जीवन में जुड़ते चले गये, इस बात को सुगन्धा समझ नहीं पा रही थी।

जब भी रिंकू की चार साल की बिटिया स्नेहा अपने पापा को याद करने लगती तो रिंकू क्यों उसका ध्यान कहीं और भटका देती हैं, सुगन्धा ने कई बार सोचा पूछ ही ले उसके पापा के बारे में सोनी मामी या रिंकू से, पर यह सोच कर चुप रही कि हर घर के अपने-अपने रहस्य होते हैं जिसे सार्वजनिक नहीं किया जाना चाहिए। खुद उसके घर के भी कई रहस्य हैं, जिसे वह किसी के साथ नहीं बाँटना चाहेगी।

मसलन क्यों खुद उसकी बड़ी बहन अभिलाषा ने पैंतालीस वर्ष की उम्र होने पर भी विवाह नहीं किया। बेचारे पड़ोसी और रिश्तेदार खुद ही कयास लगाते रह

जाते कि इसके पीछे जरूर कोई प्रेम कहानी होगी जो सुलझ न पायी होगी। क्यों उसके नेक भाई की पत्नी शादी के चार महीने बाद ही उसे छोड़ कर चली गयी। क्यों उसके चाचा-चाची में शादी के चालीस साल बाद भी तलाक हो गया आदि-आदि।

जीवन के कुछ पेंच ऐसे होते हैं जिनमें हमेशा के लिए जंग लग जाता है और फिर सोनी मामी का घर तो हमेशा से ही तिलिस्म का अड्डा रहा है।

मामी की तीसरे नम्बर की बेटी टिंकू सुगन्धा को इक ही नजर में भा गयी। भोर होते ही टिंकू उठती और पूजा पाठ में लग जाती। सफेद दुपट्टा ओढ़े टिंकू सिद्धहस्त योगिनी सी लगती। पूजा की धूप-अगरबती से पूरा घर महकने लगता। टिंकू को देख मामा और मामी गद्गद हो उठते शायद उन्हें लगता था कि उनकी यह तीसरे नम्बर की लड़की ही प्रभु का दिया मीठा प्रसाद है। वह समय से पढ़ने जाती और तय समय पर लौट आती। घर के काम-काज निपटाती, न उसकी सहेलियों में रुचि थी न अपनी माँ और बड़ी बहन की तरह धर्म भाई बनाने में। वह जैसे अपने आप से ही सन्तुष्ट थी इसी कारण घर के बाकी सदस्यों से भी उसका कम ही संवाद था।

मामा और मामी उसके भविष्य के प्रति आश्वस्त थे। कई बार बात-बात में मामी ने सुगन्धा से इस बात की चर्चा भी भी। सुन कर सुगन्धा भी प्रसन्न हुई अब मामा-मामी अपनी दोनों बड़ी लड़कियों के खेद से मुक्त हो सकेंगे।

रोशन मामा के कन्धों पर समाज अपने पूरे बोझ के साथ आज भी मौजूद था। तीसरी बेटी टिंकू के लिए रोज-रोज रिश्ते घर आने लगे थे। बेटी के विवाह की इतनी चिन्ता मामा-मामी को नहीं थी जितनी कि उनके रिश्तेदारों को।

एक दिन जब एक रिश्तेदार ने टिंकू के लिए एक विधुर का रिश्ता बताया तो मामा का गुस्सा सातवें आसमान पर जा पहुँचा। वे काफी दिन परेशान रहे। कई रातें उन्होंने पानी पी-पी कर गुजारीं। बार-बार उस रिश्तेदार का कहा वाक्य कान में गरम शीशे सा उतरता रहा।

"पहली दो बेटियों का रिकार्ड देख कर इस घर में अब कोई अच्छा रिश्ता ना आने का, लड़का विधुर है लेकिन अच्छा बिजनेस है उसका।"

इस बीच सुगन्धा की बहन कनिका की डॉक्यूमेंटरी रिसर्च पूरी हो गयी फिर सुगन्धा और कनिका अपने-अपने कामों में व्यस्त हो गये लेकिन इन व्यस्त दिनों में भी मामी, स्नेहा, रिंकू, चिंटू और उनके घर में पसरा चुप्पी का भूगोल उसकी दिमागी नाड़ियों में खासी जगह किये रहता।

तभी एक दिन माँ ने टेलीफोन पर जो बताया वह सुगन्धा को हिला देने के लिए काफी था।

तेरे रोशन मामा की तीसरे नम्बर की बेटी टिंकू ने अपने जीजा यानी रिंकू के पति से शादी कर ली है।

क्या कह रही हो माँ।

किसने कहा यह सब।

पर माँ वह तो ऐसी लड़की नहीं थी बिल्कुल भी।

ऐसे क्या पता चलता है किसी का बेटी। दुनिया में किसी का भरोसा है क्या!

क्या सचमुच किसी पर भी भरोसा नहीं किया जा सकता।

अगर ऐसा है तो फिर ये दोस्ती ये रिश्ते। कैसे कोई इन्हें परखे।

सुगन्धा खुद अपने ही प्रश्नों में उलझ कर रह गयी थी।

तो यही थी रिश्तों की 'जेब्रा क्रॉसिंग' 'समकालीन समाज में सम्बन्धों की बदलती परिभाषा।'

सुगन्धा टिंकू का पूजाघर में बैठा चेहरा भूल नहीं पा रही थी। तो क्या यह पूजा-पाठ अपने जीजा को पाने के लिए था। कैसे अपनी बहन के जीवन को एक बड़ी चोट पहुँचाने का सोचा होगा उसने?

सुगन्धा का दिमाग पूरी तरह से हिल गया। लगा सारी तंत्रिकाओं ने एक साथ मिल कर पूरे शरीर के खिलाफ बगावत छेड़ दी है।

नहीं, अब वह कभी जालन्धर नहीं जा सकेगी। मामी के चेहरे पर दुख की एक और परत को देखने का साहस अब वह शायद कभी नहीं कर पाएगी। रिंकू की उदासी की गवाह और स्नेहा की पापा-पापा की रट को वह नहीं सुन पाएगी।

संवेदना

•

अरुणा घवाना

1

रात के तीन बजे, टेलीफोन की घण्टी एकाएक घनघना उठी।

"ओह गॉड, कौन है इस वक्त, रात को भी चैन नहीं।" पत्नी जोर से चिल्लाई। "बेबी, अभी-अभी ही सोया है...जाग जाएगा... फिर मेरी मुसीबत!" एक लम्बी जम्हाई के साथ दूसरी तरफ मुँह फेर कर सो गयी।

पतिदेव पत्नी की इस परेशानी से परेशान होकर फोन की तरफ भागे।

"हैलो, कौण बोल रहा है..."

"थानेदार... अपनी माँ की गुमशुदगी की रिपोर्ट लिखवाई थी ना!"

"जी...जी थानेदार साहब! कहिए कुछ पता चला माँ का..."

बात बीच में ही काटते हुए थानेदार बोल उठा, "एक लाश तो मिली है, शवगृह में है, आकर शिनाख्त कर लो।" और फोन कट गया।

"एक लाश मिली है, पुलिस वालों को, शिनाख्त के लिए बुलाया है," पति ने तैयार होते हुए पत्नी से कहा।

"आपको भी अक्ल कब आएगी, अभी हमारा बच्चा पाँच दिन का ही हुआ है। और तुम उस बूढ़ी की लाश घर में लाओगे।" पत्नी गुर्रायी।

"तो मैं और क्या करूँ," पति ने हाथ झटकते हुए कहा, "पुलिस वाले ने कहा है तो देखने तो जाना ही पड़ेगा ना!" पति ने झल्लाते हुए कहा। "जी के तो कभी चैन दिया नहीं, मर कर भी वही हाल!"

पति-पत्नी की इस चिल्लपौं के बीच घर में रुका भानजा जाग गया।

"क्या हुआ मामे, इतनी रात गये क्यों लड़ रहे हो...क्या...क्या हुआ?"

"अरे कुछ नहीं वो थानेदार का फोन आया था। तेरी नानी को देखने के

लिए... इतनी रात गये अब जाना होगा, उस पर घर में छोटा बच्चा। लाश कैसे ला सकते हैं!"

"कब आया, अरे मुझे तो पता ही नहीं चला। पर...पर नानी की ही लाश है किसने कहा," भानजे ने हैरत से पूछा।

भानजे का कलेजा यह पूछते हुए काँप उठा। उसके माथे पर पसीने की बूँदें छलक आयीं।

"चलो, मैं भी चलता हूँ,"—कह भानजा भी मामा के साथ खड़ा हो गया।

"मैं बाहर से ही ताला लगा जाता हूँ," कह पति भानजे को लेकर दरवाजे से बाहर निकल गया।

शवगृह के पास पहुँचते ही पति की बदबू के मारे हालत खराब हो गयी।

"मैं तो और आगे नहीं जा सकता, तू ही जा," कह मामा सौ कदम पीछे हट गया और अपनी नाक में रूमाल खोंसने में जुट गया।

अब बेचारा भानजा मरता क्या न करता... जैसे-तैसे शवगृह में घुसा।

"बा...बू...रे बाबू..., इतनी लाशों में नानी की लाश कहाँ ढूँढ़ूँ और ऊपर से यहाँ यह मरियल सा बल्ब, पर मुरदों को लाइट की क्या जरूरत। उनकी तो भगवान से वैसे भी लौ लग ही चुकी होती है।" सोचते-सोचते उसे अहसास हुआ कि उसके दोनों पैर लाशों पर हैं। "हे भगवान...पाप!" कह वह अपने पाँव हटाने को ही था कि अपनी मम्मी का सूट दिखाई दिया...और रात के सन्नाटे को चीरती चीख सुनाई दी..."नानी!"

मम्मी का सूट देखकर पहचान गया था कि यही नानी है। मम्मी ने अपना यह सूट नानी को दे दिया था क्योंकि वह नानी पर बहुत फबता था।

फिर तो न जाने कितनी लाशों के ऊपर से गुजरता...पाप करता वह सूट का कोना पकड़ने में कामयाब हो ही गया। लाशों के उस ढेर में से नानी की लाश को खींचने में वह कामयाब हो गया।

आधी-अधूरी जली नंगी लाशें वातावरण में एक विशाल शून्य को जन्म दे रही थीं। कोई भी कमजोर दिल का आदमी जीवन का वह सच देखकर यकीनन किसी ऊँची बिल्डिंग पर चढ़कर या किसी रेल की पटरी के नीचे आकर मर ही जाएगा। शून्यता में विलीन होना ही सम्भवतः उसे अपनी मंजिल लगेगी।

नानी की लाश को अपने तक खींचने में कामयाब होने पर भानजे ने नानी जो अब तक लावारिस लाश थी, को शत-शत प्रणाम कर उसके पैर छुए। फिर दोनों हाथ

ऊपर उठाये—"अच्छा हुआ तुमने नानी को मिला दिया, अब सब क्रिया-कर्म तो कर ही सकेंगे।" खुदा का शुक्रिया अदा करते हुए उसने बाकी लावारिस लाशों की ओर भी नजर दौड़ाई—"खुदा इन्हें भी वैतरणी पार करने में मदद कर"—कह नानी की लाश को गोद में उठा लिया और जितनी तेजी से हो सकता था, बाहर की ओर भागा।

"लो मामा, नानी...।"

ट्रेन से कटा नानी का सिर एक ओर को लुढ़क रहा था।

मैं लाश को उठाया शून्य होता जा रहा था।

"ले आया बेटे,"—मेरे कानों से टकराते ये शब्द मुझे हकीकत की दुनिया में वापस लाने के लिए काफी थे।

"हाँ मामू, पर अब नानी को घर कैसे ले जाएँगे।"

"अभी कहाँ, अभी तो बेटे इसमें कई लोचे हैं...अभी तो न जाने कितने पापड़ बेलने पड़ेंगे!" मामू ने नादान भानजे को समझाते हुए कहा।

"तू रुक मैं देखता हूँ,"...कह मामू शवगृह की गाड़ी की ओर चल दिये।

"ए भाई साहब! भाई साहब!"

"कौन है बे, सोने भी नहीं देते,"...कह ड्राइवर साहब ने और कई नये नुक्ते जोड़ दिये।

"जी, भाई साहब मैं, मेरी माँ मर गयी है लाश को घर ले जाना है।"

आँख मलते हुए भाई साहब उठ बैठे। "कहाँ है तेरी माँ..."

मामू हकलाते हुए बोले—"वह, वो है उस लड़के ने उठाई हुई है।"

"लाश किसने निकाली..." भाई साहब गुर्राये।

"इसने...हाँ इसी ने।" मामू मानो मेरी शिकायत कर रहे थे।

"इस पिद्दी ने...अरे बच्चे तुमने निकाली यह लाश, नीचे रख दे कब तक उठाये रखेगा!" भाई साहब एक अजीब से आत्मविभोर स्वर में बोले!

"नहीं, अंकल मैं ठीक हूँ आप इन्हें गाड़ी में लिटा दें तो हम पेपर वर्क कर सकेंगे।"

"बच्चे बिना पेपर वर्क के आप गाड़ी में इन्हें लिटा नहीं सकते। पहले पेपर वर्क कर लो तब मैं ले जाऊँगा!" फिर एक हिकारत भरी नजर मामू पर डालते हुए बोला, "मुझे बेकार ही पहले उठा दिया, पहले कागजी कार्यवाही तो पूरी कर लेता।"

"नहीं, अंकल मैं नानी को ज्यादा देर गोद में नहीं रख सकूँगा, गिर जाएँगी...आप प्लीज गाड़ी में लिटा दीजिए।"

"तो नीचे रख दो लाश को..."

"नहीं, मैं नानी को नीचे तो नहीं रखूँगा। अब तो लाश हो गयी पर है तो मेरी नानी ही ना!"

बच्चे की जिद्द व प्यार भगवान को भी झुका देता है तो भाई साहब तो फिर इनसान ठहरे!

"न जाने इस बच्चे में क्या है, इसके कहने पर मैं इनको अन्दर लिटा देता हूँ," कह भाई साहब ने बच्चे को नानी की लाश गाड़ी में रखने में मदद की।

यकायक मेरी नजर बुत बने मामा पर पड़ी।

"अब क्या हुआ मामू! चलो कागजी कार्यवाही करने चलें।"

"चल," मरगिल्ली सी आवाज में मामू बोला। उसकी आँखों से बहती आँसू की धार चेहरे को भिगोने के लिए काफी थी। क्यों थे यह मुझे नहीं पता!

मैंने यह सब देखते हुए भी अनदेखा कर दिया क्योंकि अभी बहुत काम बाकी था।

आज के जमाने में हर चीज का समय होता है, सम्भवतः रोने का भी समय होता है, जो अभी तो मेरे पास नहीं ही था।

"मेरे से तो बेटे अब कुछ नहीं होगा!" मामू के इन शब्दों ने मेरी तन्द्रा भंग कर दी।

यकीनन नहीं होगा इनसे यह काम, यह तो मैं जानता ही हूँ। पर इनको किस चीज का दुख है, यह मेरी समझ में अब भी नहीं आया था।

"आप यहीं रहिए, मैं जा कर आता हूँ..." कह मैं किसी कर्मचारी की तलाश में चल पड़ा।

कागजी काम कर मैं शवगृह की गाड़ी में मामू को लेकर जा बैठा।

नानी की लाश घर लायी गयी।

मामी समेत मेरी किसी भी ममेरी बहन ने जाग कर नानी के आखिरी दर्शन की उत्सुकता नहीं दिखाई। मैं बुत बना सारा माजरा देखता रहा। पर कर भी क्या सकता था।

नानी की लाश घर में बस पड़ी ही हुई थी। हवा को तो मैंने सूँघ ही लिया था।

"मामू कोई दीया-बाती तो लाइए, नानी के सिरहाने जला देता हूँ," सामने खड़े मामा की ओर सिर उठा कर देखते हुए मैंने कहा।

"बेटा, अभी सो जा, सुबह होने पर लोग आने लगेंगे, फिर हरिद्वार, गाँव और बहुतेरे काम...तब फिर पता नहीं कितने दिनों बाद आराम करने का मौका मिलेगा। सो जा।" कह मामू ने लाइट बुझा दी।

मैं वहीं अँधेरे में बैठा बीती बातों में खो गया।

नानी अपने इस इकलौते लड़के के लिए न जाने क्या-क्या करती थी, कितनी रातें बुखार में तपते मामू के लिए आँखों में काटी होंगी पर मामू को तो घर में नानी की लाश के बावजूद बहुत जोर की नींद आ रही थी।

2

घर के एक बेटे के एक्सीडेंट की खबर सुनकर रात में ही सारा घर एकाएक सन्न रह गया। किसी की आँखों में नींद नहीं थी। वार्तालान अपने शबाब पर था।

"तुम कुछ ऐसा चक्कर चलाओ ताकि हमें कोई खर्चा न करना पड़े, समझे ना!" यह भाभी की भसभसाती आवाज थी।

"माँ तुम क्यों नहीं चली जातीं अमरीका, तेरा बेटा मौत के कगार पर है," बड़ा भाई कमरे में घूमते हुए बोला।

"मैं...क्या बोल रहा है, मैं जाऊँ, और फिर मैं ही क्यों जाऊँ..." माँ ने किसी नागिन सी फुफकारते हुए कहा।

"अरे कुछ तो शर्म करो, लोग क्या कहेंगे...बच्चा मर रहा है और माँ..." बड़ा भाई लोकलाज की दुहाई के नाम पर कुछ डराने वाले अन्दाज में बोला।

"पर मैं गरीब कहाँ जाऊँगी और कैसे!" सिर पर हाथ मारते हुए माँ ने कुछ ऊँची आवाज में तुनकते हुए कहा।

और मोटे-मोटे आँसुओं की धार को वह अपने आँचल से पोंछने लगी। आँसू थे भी या नहीं यह तो शायद कमरे में मौजूद कोई नहीं जानता!

वैसे यह आँसू बिल्कुल वैसे ही थे, जैसे एक्सीडेंट वाले इस लड़के की शादी के दिन माँ ने बहाये थे। मुझे तब भी समझ नहीं आया था कि यह बूढ़ी औरत अपने बेटे के विवाह के शुभ अवसर पर क्यों रो रही है! और आज भी बिल्कुल वैसे ही जार-जार क्यों रो रही है!

शादी वाले दिन रोने की वजह तो मुझे उस दिन ही इस बेटे के छोटे भाई से पता चल गयी। माँ को इस बात का अफसोस था कि इस बेटे की शादी क्यों हुई, इससे बड़े बेटे की क्यों नहीं हुई! वह दूसरे नम्बर का बेटा माँ का लाड़ला था, तो जाहिर सी बात है रोना तो बनता ही है।

दूसरे नम्बर के उस कुबड़े बेटे की शादी न होने में जहाँ उसकी पीठ का वह कूबड़ बड़ा कारण था, वहीं उसका लालच था कि किसी ऐसी लड़की से शादी हो जाए जो उसे जिन्दगी भर बैठ के खिलाए और वह अपने बहुत पढ़े-लिखे व समझदार

होने की धौंस भी उस पर जमा सके। उसके छोटे शहर के छोटे से कस्बे में शायद तब तक कोई आदमी इतना पढ़ा-लिखा था ही नहीं या उन लोगों ने इन भाई साहब की तरह अपनी पढ़ाई का प्रचार नहीं किया होगा। तभी शायद उसको एक अजीब सा गुमान भी था।

खैर, हम एक्सीडेंट की रात की बात कर रहे थे।

गरीब तो थी ही माँ क्योंकि उनके पति का तो देहान्त हो चुका था। कुछ हजार ही पेंशन मिलती थी। घर उनके पतिदेव बनवा ही चुके थे। सम्भवतः छोटे शहर की तरह बिजली का बड़ा कोई बिल आता नहीं था। दो पंखे और तीन बल्बों का बिजली का खर्च, जो बड़ा बेटा देता था, क्योंकि वह भी अपनी बीवी को लेकर यहाँ रहने आ गया था, एयरफोर्स से स्वैच्छिक रिटायरमेंट जो ले ली थी उसने।

फिर उस गरीब बूढ़ी औरत के पास कुछ तोले सोना था, और कुछ एक लाख के एफडी। बस! इसीलिए इतनी गरीब थी।

या ऐसा कुछ कहें कि वह पैसे से ज्यादा दिल से गरीब थी, बेचारी!

"अरे तुम अकेली...बस रहने दो"...पैर पटकता हुआ बड़ा भाई चिल्लाया।

"तो तू ही क्यों नहीं चला जाता, मेरा बेटा है तो तेरा भी तो भाई है। कितना-कितना मालमत्ता लाता था, तेरे और तेरे ससुराल वालों के लिए। तब तो सबने मौज उड़ाई, और अब...," माँ रुआँसा सी बोली।

"अब रोना-धोना बन्द करो। आप भी अब चुप रहो, ये तो जाएँगी नहीं। उलटे और नये नुक्ते झाड़ेंगी। हमारी छाती पर ही मूँग दलनी है इस बूढ़ी ने। नहीं तो और बूढ़ों की तरह गाँव में रहती और वहाँ घर की देखभाल भी करती। कुछ दाल-अनाज तो खेतों से आ जाता।" फुफकारते हुए भाभी बोली। "हमारे अपने भी तो बच्चे हैं या जिन्दगी भर तेरे बच्चों को ही हम देखते रहेंगे। बाकी अपने किसी लड़के को भेज दे।"

"हाँ, मैं मर जाऊँ यही तो तू चाहती है। फिर सारे घर पर कब्जा कर के बैठ जाए। मैं सब समझती हूँ। कैसा बेटा है रे तू! तेरी औरत मेरे सामने इतनी जुबान चला रही है, और तू उलटा मुझे ही कह रहा है।" बिना आँसुओं के आँखों को पोंछते हुए बूढ़ी बोली।

"हाँ-हाँ तुम तो अपनी कीर्तन मंडली में ही रहीं, तभी तो ससुरजी भी मर गये। और तू दूसरों के घरों में मंजीरे ठोंकती रही। चलो जी अब सोते हैं, मैं तो जब से इस घर में आयी हूँ, यही तमाशा देख रही हूँ।"

माँ कही जाने वाली बूढ़ी औरत भी अपनी खाट पर लेट गयी। उसकी आँखों

में नींद नहीं थी, हे भगवान ये क्या किया तूने, मेरा बेटा! अब समझ नहीं आता कैसे मैं जाने से बचूँ, यह बहू तो मेरी जान खा जाएगी। सोचते-सोचते वह खर्राटे मार कर सो गयी।

सुबह बूढ़ी माँ की नींद खुली तो घबराकर उठ खड़ी हुई। फिर घर भर में घूम कर देखा, सब सुबह की सैर पर गये हैं।

''जल्दी से अपने लाडले को फोन करती हूँ।'' सोच तकिए के नीचे अपने मोबाइल फोन को ढूँढ़ने लगी।

''हाँ बेटा, मैं बोल रही हूँ। कैसा है रे मेरे लाल! तूने सुनी जय की खबर, उसका एक्सीडेंट हो गया है। रुँधयाए से गले से बूढ़ी माँ बोली।

''अरे माँ, मुझे तो सबसे पहले पता चल गया था, पर चुप रहा, ताकि उसके ससुराल वाले अपनी बेटी के सुहाग की सलामती के लिए पैसे खर्चें... अब उसकी शादी हो गयी है न! उसकी बीवी जाए अपने पति की सेवा के लिए, हमारा क्या काम! वैसे भी जब कामधाम नहीं था तब भी ससुराल वालों को बेवकूफ बना उसने शादी कर ली, फिर वहीं टाँग पसार कर रहा। हमारे ऊपर कोई जिम्मेदारी नहीं। पिछले साल कमाने लगा तभी अपने घर आया, तभी तो हम सबको इतने पैसे दिये थे उसने। खाता ससुराल का था, गाता यहाँ का था।''

दोनों खिसियाये से हँस दिये। शायद ऐसा करना बड़ी बहादुरी का काम था।

''चल, चिन्ता मत कर ऐसे कामों में पल्ला कैसे झाड़ते हैं मुझे खूब आता है। अब तू आराम कर, न तू जाएगी न मैं।'' कह मक्कार ने फोन काट दिया।

बीवी अपाहिज पति का इलाज अमरीका में पूरा कर जब भारत लौटी तो उसने पति को उसके घर ले जाने की ठानी।

''जय के परिवार वाले उसके बिना तड़प रहे हैं। और उसकी माँ फोन पर कैसे आँसू बहाती थी,'' सोच बीवी जय को उसके घर यानी अपने ससुराल ले गयी।

वहाँ पहुँचते ही उसे जीवन की सबसे बड़ी सच्चाई समझ आयी।

''तुम क्यों आ गयीं इधर, कौन देखेगा इसे यहाँ, यहाँ सब ऐसे ही हैं,'' भाभी ने मक्कारी भरे लहजे में कहा।

तभी बड़े भाई का भी पदार्पण हुआ।

बोला, ''मेरी नौकरी का तो कोई ठिकाना है नहीं, आज है कल नहीं, तुम तो जानती ही हो अब कितनी महँगाई हो गयी है। ऊपर से इसके इलाज का खर्च।''

बीवी चुपचाप यह सुनते हुए सोच रही थी कि क्या ये इसके परिवार के लोग हैं जिनके लिए इसने मुझे भी ठुकरा दिया था। आज इसे किसी गैर सामान सा अपने

घर से दूर फेंक रहे हैं।

ऐसे कुछ एक घण्टे का लेक्चर दे दोनों पति-पति कमरे से बाहर चले गये।

कोई दबे पाँव कमरे में आया। पीछे मुड़ कर देखा, जय की माँ खड़ी थी।

"क्या बात है माँजी आप," बीवी ने चौंकते हुए ऊँची आवाज में कहा।

"अ......रे चुप, धीरे बोल, देख मैं एक बात बताने आयी हूँ। अब अपने पति को यहाँ से ले जा।" बूढ़ी जय की माँ बोली। "मैं तो खुद इनके दिए टुकड़ों पर पलती हूँ। मैं लाचार बूढ़ी इसकी देखभाल भी नहीं कर सकती।"

"मगर कहाँ, इसे इसके घर से दूर, कहाँ ले जाऊँ..."

बीच में टोकते हुए बूढ़ी बोली–पर यह तो इसका घर नहीं है।

बीवी के सामने मानो सारा संसार घूम गया। पति जिसका बचपन से ही यह अपना घर था, उसके अपाहिज होते ही तिनका-तिनका बिखर गया।

पर अब वह सोच कहाँ सकता था, एक्सीडेंट में दिमागी चोट जो लगी थी।

❑❑